やりたい事が無い人こそホワイトへ行こう

―文系の「学び」と就活―

木下浩一

学術研究出版

はじめに──文系の本質はどこにあるのか

1.「逆風」のなかの文系

▼本書の主張

重要な箇所を枠囲みで示しました。マークしながら読まれるといいでしょう。

大学生を中心に、若い人の多くは「やりたいこと」が見つかっていません。「やりたいこと」が無いのです。理由は本文で述べます。理由はさておき、「やりたいこと」が無い人こそホワイト企業を目指すべきというのが、本書の主張です。

ホワイト企業は、人を大切にします。人を育てます。ホワイト企業には、多くの職種があります。ある程度の規模があり、多様性があります。

したがって入社後、自分にとっての適職を見つけることができます。入社後というのがポイントです。選択肢が用意されています。「人を育てる」文化があるので、アナタが適職を見つける手助けもしてくれます。人事部だけでなく、上司や同僚も助けてくれます。

ホワイト企業の多くは、理系を採用します。多くの文系学生は、理系を採用する会社を避ける傾向にあります。特に理由もなく「自分は文系だから関係ない」と思ってしまうようです。文系ばかり採用する企業が即ブラックというわけではありませんが、ブラック企業の多くは、文系しか採用しません。

「理系の大学に入った方が良かったんじゃないか」と思っておられる文系の方も、いらっしゃるかもしれません。昨今、文系に「逆風」が吹いています。

▼高まる文系軽視と理系重視

2015年、「文系学部廃止」論が世を賑わせました。コロナ禍を経てDX化が叫ばれると、政府は理系重視の姿勢を打ち出しました。

理系は引く手あまた。特に工学部はいい。競合他社に勝つにはイノベーションが必要だ。イノベーションにはテクノロジーが必須である、といった論理でしょう。

薬学部が人気の時代もありました。薬学部を出れば薬剤師になれる。国家資格に守られた薬剤師は安定している、と。

それに比べて文系は使えない。特に文学部は役に立たない。はっきりいえば、金にならない。「文学」など学んで何になるのか。

皆さんもそのような「空気」を、何となく感じておられるでしょう。

▼英語やプログラムは役に立つ？

数年前から、英語教育が加熱しています。小学校では1年生から英語を学ぶようになりました。すでに多くの幼稚園で、英語学習が取り入れられています。

コンピュータ・プログラムも同様です。政府や文科省は、コンピュータ化やDX化を推進したいのでしょう。学校にはタブレットやPCが積極的に導入されています。

子どもの頭の中は、アルゴリズムやフローチャートのようになるのでしょうか。「○○ならば××する」「○○まで△△を繰り返す」といったイメージです。

プログラムは好きな人が探求すればいいと思うのですが、なぜか、全員が学ばないといけないようです。

それに対して旧態依然とした文系の学びは、イメージが悪いようです。例えば「文学部」という言葉からイメージされるのは、本や図書館でしょう。多くの人の「文学部」のイメージは、昔からさほど変わっていないようです。

▼「役に立つ」とは何か

大学を語る時に用いられる「役に立つ」という表現は、何を意味するのでしょうか。

「役に立つ」とは、実利をもたらすことでしょう。国や地域、あるいは組織や集団に利益をもたらし、最終的には個人に利益をもたらすのです。

利益とは、お金です。直接的にお金にならなくても、株価が上がったり資産が増えたりすれば、いずれ換金できます。

ネット上では、大学や学部別の平均年収や生涯賃金がランキング化されています。金額は、容易に比較ができます。どの大学が上で、どの大学が下か。どの学部が上で、どの学部が下か。明確に差をつけられます。

「役に立つ」とは、「お金になる」ことです。「役に立たない」とは、「お金にならない」ことです。そして「お金にならない」学部の典型が、文学部です。

▼文系の学び＝役に立たない？

文学部に代表される文系の学びは、本当に役に立たないのでしょうか。

答えを先にいいましょう。文系の学びは役に立ちます。主に日本語で仕事をする限り、役に立たないはずがありません。

ではなぜ、文系の学びは役に立たないと言われるのでしょうか。その答えは、すでに述べました。文系の学びが、直接的にお金を産まないからです。

新自由主義的な風潮は、強まる一方です。日本経済は30年以上にわたって停滞しています。「貧すれば鈍する」。国も自治体も、会社も家庭も、「お金」の話ばかりです。

文系の大学や学部は、その影響を大きく受けています。

▼抽象的な文系の学び

文系の学びが軽視される理由は、他にもあります。

文系の学びの特徴である抽象性です。抽象的な学びは、理解や評価するのが難しいのです。

具体は理解しやすく、抽象は困難です。人は誰かに説明する時、具体的に話します。具体は理解しやすいからです。

一般的に「理解しやすい」のは良いこととされています。本当にそうでしょうか。理解しやすいのは良いことなのでしょうか。良いことだとして、100%の善なのでしょうか。

そうではありません。理解しやすいことには、落とし穴があります。例えば、理解しやすいことばかりに接していると、難しいことが理解できなくなります。理解力が低下します。

難しいことの典型が抽象です。具体にばかり接していると、抽象がわからなくなります。文系の学びの本質は、抽象的理解にあります。文系の学びの大半は抽象です。文字や文章そのものが、高い抽象性を有しています。

文学部の学びの軽視は、社会全体の抽象的な理解力の低下を示しています。お金の価値は理解できても、手に取ることができない抽象的な事物の価値がわからなくなっています。

▼ホワイト企業は文学部の学びを評価する

抽象的思考の価値を評価している組織は、日本国内に少なからず存在します。そのひとつが、ホワイト企業です。多くのホワイト企業は、文学部の学びを評価します。

ホワイト企業は、多様な価値を重視します。だからホワイト企業の多くは、文系と理系の双方を採用します。医薬系の企業でなくとも、医学部や薬学部の出身者を採用したりします。

ホワイト企業は基本的に、大企業であり優良企業です。高偏差値の学生が大量に受験します。採用される学生の多くは、高偏差値の大学に在籍しています。

一方で、中堅の大学からも一定程度を採用します。特定の大学に偏ることを避けているのです。イノベーションは多様性から生まれます。同じような環境で育ち、同じような学習を行ってきた人たちばかりでは、新しいものが生まれにくいのです。組織を活性化し、イノベーションを生むには、多様な人を広く採用する必要があります。特に、近年のように大学入試が多様化すると、あらゆる大学の学生を見る必要があります。

社会人になれば、大学までとは評価の尺度が異なります。例えば営業パーソンであれば、いくら東大を優秀な成績で卒業した人であっても、契約が取れなければ評価は低くなります。反対に低偏差値、いわゆるBF大学であっても、契約を次々と取ってくる営業パーソンならば「優秀」です。中国には、「黒い猫でも白い猫でも鼠を捕るのが良い猫だ」という諺があります。東大出身だろうとBF大学出身だろうと、契約を取るのが良い営業パーソンです。

ホワイト企業は多様性を重視しつつ、中堅以下の大学にも「優秀」な人材がいることを、体験的に知っています。

▼多様性をまとめ上げるのは言語

多様性をまとめ上げるのは言語です。多様性とは、抽象の世界です。言語化しなければ、把握できません。多様な人たちをまとめ上げるのも、やはり言語です。

「人は見た目が重要だ」というテーゼが流行しています。コミュニケーションにおいてバーバル（言語的）とノンバーバル（非言語的）を比較すると、非言語の方が、人の印象に強く残りやすいというのです。

ここで思考実験をしてみましょう。南米のペルーに「タウシロ語」という言語があります。「消滅危機言語」です。タウシロ語の話者と仕事をすることになりました。アナタはタウシロ語をまったく知りません。通訳もいません。タウシロ語を話す人たちは、日本語をまったく解しません。英語も知りません。

さてアナタは、タウシロ語を話す人たちと仕事ができるでしょうか。ノンバーバルなコミュニケーションだけで、仕事ができるでしょうか。

いうまでもありませんね。簡単なマニュアルさえ作れません。

ノンバーバルは人の印象に残りやすいかもしれませんが、だからといってバーバルなコミュニケーションが不要というわけではありません。ノンバーバルの方が強く印象に残るという情報そのものが、バーバルです。

結論的にいえば、多様性をまとめ上げるには、ものごとを把握したり表現したりする抽象的な力が必要です。多様性を有するホワイト企業で働く人に、言語能力は必須なのです。

2.「好きなこと」に対するコダワリ

▼「好きなこと」を仕事にしない

ホワイト企業から内定を獲るポイントのひとつは、大学における「学び」と仕事を、直接的に結びつけないことです。直接的に結びつけるから失敗するのです。間接的に結びつけるのは構いません。直接的が問題です。

例えば、テレビについて大学で学んだからといって、テレビ業界に行く必要はありません。テレビ業界に行くために、テレビについて大学で学ぶ必要もありません。テレビについて学んでテレビ業界に行ってもいいのですが、それはあくまで選択肢のひとつです。他の業界も広く見ましょう。

テレビ業界を志望するにしても、以下の2つを行ってください。詳しくは後に述べますが、ひとつは、テレビ業界について詳細に調べること。特に、マイナスの面を調べましょう。

もうひとつは、求められる能力を身につけること。例えばテレビ業界であれば、圧倒的に必要なのは国語力です。技術や美術などの専門職は別として（これらの職種においても国語力は極めて重要なのですが）文系の総合職に必要なのは国語力です。他の能力、例えば専門性は、後で身につければいいのです。

職業によっては、大学や専門学校での専門的な学びが必要です。医者が典型です。医者は全員、医学部で専門的な知識や技能を身につけています。

そのような職業は、むしろ少数です。医師、薬剤師、弁護士、会計士、税理士など、排他的な資格を要する仕事は、それほど多くはありません。

大半の仕事が、排他的な職業資格を必要としません。もしアナタが、職業資格が必要な仕事に就くことを決めているのであれば、この本を読む必要ありません。

この本を読んでほしいのは、将来の職業をまだ決めておらず、おそらく一般企業に就職するであろう人、あるいは、すでに就職した人です。

▼探求の仕方と姿勢

文系の学びの本質は、「探求」にあります。探求の仕方と、探求し続ける姿勢を身につけるのが文系の学びです。

探求の対象は、何でもいいのです。何でもいいから、熱中して探求する。探求の熱中度と、深さが評価されます。

繰り返しますが対象は関係ありません。社会に出れば、あるいは会社に入れば、対象は変わっていきます。

例えばベネッセ。元の社名は「福武書店」です。教育関係の老舗です。「進研ゼミ」というブランドで通信教育も行っています。私も中学生の頃にやっていました。

現在、ベネッセ・グループは「有料老人ホーム」事業をやっています。少子高齢化の時代です。子どもだけをビジネスの対象としていては、会社は立ち行きません。

無印良品というブランドをご存知でしょう。社名は、良品計画です。家庭や職場などで使う日用品のイメージが強いと思います。しかし20年以上前から、不動産事業を手掛けています。家を建てたり、リノベーションしたりしています。

無印良品のファンの方々は、無印良品の商品に囲まれて暮らしていらっしゃるのでしょう。そのような生活が長くなると、徐々に生活の「器」、つまり家そのもののイメージを統一したくなるのでしょう。自分に相応しいモノに囲まれているうちに、囲まれているモノに相応しい家に住みたくなるのです。

良品計画に入社した人の多くは、よもや自分が不動産事業に従事すると思っていなかったでしょう。無印良品らしい小物や衣類を作ろうと思っていたのではないでしょうか。同じようにベネッセ・グループに入社した人も、高齢者とその家族を顧客にするとは思わなかったはずです。そもそも新規事業とは、そういうものです。

話を戻すと、探求する姿勢や習慣があれば、探求の対象が生活小物であっても家であっても変わりはないのです。児童や学生という対象が、高齢者とその家族に変わっても同じです。対象が変わっても、対象のことを考え続け、対象を深く理解する姿勢さえあれば、質の高い仕事ができます。反対に、探求する姿勢や習慣、あるいは探求の手法が身についていなければ、質の高い仕事はできません。

文系の学びが役に立つイメージを持っていただけたでしょうか。

▼実績とは証拠──口で言うだけなら誰でもできる

文系や文学部に籍をおいただけで、評価されるわけではありません。証拠が必要です。社会人であれば、実績ということになるでしょう。「言うは易く行うは難し」といえばいいでしょうか。実際に何をしたかが問われます。

社会学などにおいて、口で言ったり書いたりしたものを言表（げんぴょう）といいます。行ったことを行為といいます。

言表と行為。どちらが重要か。状況によって異なりますが、大半は、行為の方が重要です。

例えば、一組のカップルがいたとします。彼氏が浮気性だったとしましょう。浮気がバレました。彼女は怒っています。AとBの二人の彼氏は、それぞれ次のように言いました。

A「二度と浮気をしない」。
B「また浮気をする」。

どちらが一般的に良い彼氏でしょうか。Aですね。「浮気をしない」と言っています。ここで行為に着目します。彼氏はそれぞれ、次のように行為しました。

Aは、また浮気をしました。
Bは、二度と浮気をしませんでした。

さて、どちらが良いでしょうか。Bですね。だって浮気をしなかったのですから。

Aは、口では「浮気をしない」と言いつつ、裏で浮気をしました。Bは「浮気をする」と言いながら、浮気をしませんでした。二人を比較すると、言表と行為が真逆でした。

一般論として、AとBのどちらの彼氏が評価されるかといえば、Bだと思います。つまり、言表ではなく、行為の方が重視されます。

社会は、言表ではなく、行為で評価しています。誰かを「殺す！」というのも同じです。口で言うのと、実際に行うのとでは、天と地ほどの差があります。

証拠や実績が必要というのも、同じことです。口でいくら「やります！」とか「学びました！」と言ったところで、信じてもらえません。

実績や証拠。つまり、行為そのものや、行為の結果として残されたものが必要になってきます。

▼「実績」はアナタ自身

実績は、どのように残せばいいのか。

実績や証拠は、アナタ自身です。アナタが話す言葉や書く言葉、それらが「実績」であり「証拠」です。国語力こそが行為の結果であり、実績なのです。

文系のアナタが証明すべきは、アナタ自身の国語力です。

二〇数年にわたって考え、経験してきたことが、アナタに内面化されています。日本語の技能として身体化されています。アナタが話す言葉、書く言葉そのものが、アナタの能力や実力を証明しているのです。

3．この本を読んでほしい人、伝えたいこと

▼この本を読んでほしい人

この本を読んでほしいのは、次のような人たちです。

- ・一〇代と二〇代の人。
- ・社会に出る準備をしている人と、社会に出て数年の人。主に学生と新社会人。
- ・人生の方向性が明確になっていない人。
- ・文系の大学に在籍している人、文系の大学を卒業した人。

三〇代以上の人や、理系の人が読んでくださっても構いません。その場合、文系の若者、あるいは文系の教育を理解するために読むのが、正解かもしれません。

皆さんは、以下のような気持ちになったことはないですか。

・大学は出たけれど、どこか引け目がある。
・「もっと勉強しておけばよかった」と後悔している。
・偏差値の高い大学を出た人に会うと、ドキッとする。
・「なんだか理系の方がスゴそう」と思ってしまう。

一言でいうと、学歴コンプレックスです。大半の人が持っているかもしれませんが、ご本人にとって気分のいいものではありませんね。

職場におけるコミュニケーションが、苦手な方もいらっしゃると思います。以下が思い当たる方も少なくないでしょう。

・言いたいことが相手に伝わらない。
・よく誤解される。
・なぜか仕事が上手くいかない。

コミュニケーションの内容や形式は様々です。しかしベースには必ず、国語力があります。国語力を高めることで、コミュニケーションの失敗は回避できます。
思い当たる人たちは、この本で何らかのヒントが得られると思います。

▼この本で伝えたいこと

この本でお伝えしたいのは、次の3つです。

伝えたいこと①　「好きなこと」を探求しよう。探求の対象をスライドさせよう。

「好きなこと」を探求した上で、探求の対象を他にスライドさせましょう。
ポイントはスライドです。スライドとは、応用です。転用ともいいます。
「好きなこと」の探求だけなら、趣味の世界で終わってしまいます。やり方や考え方は同じであっても、対象を上手く変えるのがポイントです。

伝えたいこと②　重要なのは探求の仕方と続ける習慣。

単に探求するだけでなく、探求の方法も重要です。探求の方法は、教員やテキストなどから学びます。その際も国語力が必要になります。
その上で探求を習慣化できれば、しめたものです。習慣になれば、無意識のうちに続けられます。いずれ「続ける」という意識さえなくなるでしょう。

伝えたいこと③　社会人にとって最強の基礎力は日本語力。日本語の四技能を磨こう。

探求の基礎になるのは国語力です。具体的にいえば、日本語の四技能です。四技能とは、聞く／話す／読む／書く、以上の4つを指します。

四技能は、インプットとアウトプットに分けられます。ともに必要です。インプットだけでは不十分であり、アウトプットだけでも不十分です。

インプットとアウトプットを、それぞれ1としましょう。1＋1は2ではありません。3にも4にもなります。相乗効果です。インプットによってアウトプットの能力も向上し、アウトプットによってインプットの能力も向上します。インプットの時にアウトプットを意識し、アウトプットの時にインプットを意識しましょう。

▼この本の裏テーマ

裏テーマ①　具体と抽象をバランスさせよう。

具体と抽象のバランスを図りましょう。本書の軸足は、抽象にあります。

本書は抽象の重要性を主張しますが、そのために具体を多用します。具体を多用しますが、強調しているわけではありません。かといって具体を軽視しているわけでもありません。あくまで、具体と抽象はセットです。両方が必要です。

付記すれば、現代社会は、具体と抽象のバランスが悪いのです。具体に偏り過ぎています。抽象の重要性を再確認することで、両者のバランスを取り戻すのも本書の狙いです。

裏テーマ②　二項対立を解消しよう。両者をバランスするのが、ひとつの「正解」。

もうひとつの裏テーマは、二項対立の解消です。二項対立とは、例えばAかBかを選ぶ時、どちらか一方しかないような思考です。極論といってもいいでしょう。

例えば、肉か、魚か、どちらか一方しか食べられないとしたら？　アナタは、どちらを選びますか？　ある人は「肉」と答えるでしょう。ある人は「魚」と答えるでしょう。

多くの人が見落とすのは、「両方食べる」という選択肢です。「両方食べない」という選択肢もあります。

しかし実社会においては、AかBか、どちらか一方しかないような思考が頻繁にみられます。「正解」は大抵、両者の間にあります。本書の対象でいえば、理系と文系です。理系と文系、いずれが有利か？　結論的にいえば。両方を上手くバランスすればいいのです。

▼本書の目標

この本の4つの目標を、以下に掲げます。今すぐ実行するのは、難しいと思います。あくまで将来的な目標です。この本を読み終えた時、次のようになってくださったら最高です。

目標① 文系の「学び」を理解する。
目標② 文系としての誇りを持つ。
目標③ 理系をリスペクトする。
目標④ 抽象的な把握力を高める。

では、楽しんでお読みください。「あとがき」でお会いしましょう。

やりたい事が無い人こそホワイトへ行こう
―文系の「学び」と就活―

目次

第1章　社会を動かしているのは文系だ

第2章　社会を動かすのはアウトプットだ

第3章　アウトプットの具体的な方法

第4章　アナタに「合う」仕事が、社会を動かす

第5章 「やりたいこと」は自然と見つかる

第1章 社会を動かしているのは文系だ

1．社会で活躍する文系人材

▼大企業の社長は文系ばかり

日本の大企業3千社のうち、文系出身の社長は約75％。社長の4人に3人が文系です。学生数の文系比率は約70％ですから、社長の「なりやすさ」は、文系と理系でほぼ同じ。あえていえば若干、文系の方が社長になりやすいといえるでしょう。

注目したいのは、75％という圧倒的な割合です。役員全体については不明ですが、文系が圧倒的に多いのは明らかです。

学生数が多いので当然といえば当然ですが、日本の社長や経営者といったビジネス・リーダーは、圧倒的に文系が多いのです。社会を動かしているのは文系人材です。

▼理系人材は専門職

かといって、理系がダメなわけではありません。

理系が就く仕事は、基本的に専門職です。一般的に、文系よりも専門性が高いのです。

多くの理系大学では、大学院への進学が常識となっています。私は一九九〇年卒の五八歳です。私が卒業する時、大半の同級生は大学院の修士課程に進学しました。40人のうち32人が大学院に進学。学部卒で就職したのは私を含む８人だけでした。

修士課程を終えた人の多くは、企業に就職します。結果を見れば、学部卒と同じです。

理系の場合、学部の学びだけでは、専門性が不十分なのです。大学院で専門性を高めた上で、メーカーなどに就職します。

▼ジョブ型と専門性

近年「ジョブ型」という語が聞かれます。端的にいえば、職種別の採用です。

仕事や業務の内容が詳述されたものを「ジョブ・ディスクリプション」といいます。採用後、どこからどこまでを担当するのかを明確にしたものです。日本の職務分掌は、伝統的に曖昧です。しかしながらジョブ型が定着すれば、職務を明確化したジョブ・ディスクリプションは必須となります。

中途採用や経験者採用は、基本的にジョブ型です。ジョブ型は、専門性と高い親和性があります。「なんでもやります」ではなく、「何ができるのか」が明確に問われます。

この本のテーマから若干外れますが、20代後半から30代前半の人は、長期的には専門性を意識された方がいいでしょう。20代後半くらいからは、「何ができるのか」が明確に問われるようになります。

派遣労働やアルバイトが問題になるのは、この点です。「アリとキリギリス」の世界です。若いうちは問題ありませんが、人は歳をとります。暖かい季節は過ぎ去り、寒い季節がやってきます。その時になってからでは遅いのです。

▼ゼネラリストを求めるホワイト企業

ジョブ型と異なり、ホワイト企業が新入社員に求めるのは、ゼネラリストです。スペシャリストも求められますが、数の上ではゼネラリストが多くなっています。

ホワイト企業の新卒採用は、旧来のメンバーシップ制が中心です。ホワイトであればあるほど、メンバーシップ制が多い傾向にあります。働く人を大切にするホワイト企業では、自ずと定着率は高くなります。長期雇用です。「使い捨て」の反対です。

長期雇用であれば、ジョブ・ローテーションが生じます。何十年も同じ業務に従事させるわけにはいきません。働く個人も成長しません。セクショナリズムも生じます。

長期雇用の下で複数のセクションを経験させ、協調的なゼネラリストを養成するのが、日本の伝統的なホワイト企業です。その限りにおいてメンバーシップ制は必然です。

▼ポテンシャルで採用するメンバーシップ制

メンバーシップ制では「将来、何ができそうか」で採用します。

中途採用や転職が「今、何ができるのか」、つまり現時点における能力（ability）で評価されるのに対し、新卒は潜在能力（potential）で評価されます。極端にいうと、入社の時点で何もできなくていいのです。「できそう」で大丈夫です。

むしろ重視されるのは、柔軟性です。

ひとつのことに拘り過ぎるのは、避けられる傾向にあります。例えば「企画がやりたい！」という人です。「企画がやりたい！」が強過ぎると、「企画以外はやりたくない！」に通じます。採用する側にすれば、企画しかやりたくない人は困るのです。

企画は企画職よりも、むしろ営業職の方が立てやすいと思います。企画職が企画を立てれば、営業職に裁可を受ける必要があります。しかし営業職自身が企画すれば、裁可は必要ありません。自らの裁量で、どんどん顧客に「企画」を提案できます。

営業職は、日々顧客とコミュニケーションを行っているので、顧客のニーズをよく知っています。その意味で、魅力的な企画が考えられる営業パーソンは「最強」です。

学生の多くは、企画は企画、営業は営業と思っています。完全に別の仕事だと思っています。ステレオタイプ、あるいは二項対立的な思考です。

実際は、その折衷です。企画職には営業的発想が求められ、営業職にも企画的発想が求められます。入社まもない新人の人は、まずは現在の部署で力をつけ、それから企画を考案・提案できるセクションを希望すればいいのです。

学生の皆さんは、柔軟性をもって職業選択をされるといいでしょう。ホワイト企業であれば、長期的なキャリア・プランを持つことができます。定年まで安心して、様々な職種にチャレンジできます。

その際、国語力は最大の強みになります。基礎であると同時に、極めて汎用性の高い能力だからです。文系の強みです。

▼メンバーシップ制は不変

ホワイト企業のメンバーシップ制は強固です。ホワイト企業における新卒一括採用は、当分の間、変わらないでしょう。

欧米において、職業に直結する職業教育は、大学院でなされるのが一般的です。日本においては、職業に直結する大学院教育は、全体的に低調です。日本の大学生は、卒業時点において、職業的なことは何もできないのです。「何もできない」のにジョブ型で採用するのは論理矛盾ですね。新卒採用におけるジョブ型は、本来的には例外です。

メンバーシップ制とジョブ型では、報酬の設計も異なります。ジョブ型は、現時点におけるパフォーマンスに対して支払われます。もっともわかりやすいのが、年俸制です。

ホワイト企業をはじめとしたメンバーシップ制では、過去の貢献が考慮されます。年功序列です。終身雇用のホワイト企業は「家族」的なのです。ブラック企業ならば、アナタが子どもの学費や親の介護でお金が必要になっても、関知しません。従業員の家族など、知ったことではないのです。

ホワイト企業は違います。過去の貢献を考慮するだけでなく、家族に対する手当も厚い傾向にあります。アナタ自身が病気や怪我をしても安心です。これまで組織に貢献してくれたアナタを「使い捨て」にしません。

そのかわり、若い時の年収は低い傾向にあります。わかりやすくいえば「後払い」です。早期退職すれば、損かもしれません。しかし長期に勤めれば問題ありません。退職時には、ある程度の退職金が支払われます。企業年金もあるでしょう。これらも「後払い」ですね。

農耕民族である日本人に「後払い」がマッチしていると思うのは、私だけでしょうか。「後払い」とはいえ、生涯賃金でみればかなりの額になるはずです。

2．ブラック企業の増加

▼やはり避けたいブラック企業

失われた30年。経済の停滞とともに、労働環境が悪化しています。具体的には、ブラック企業やブラック業界が増加しています。「ブラック」を精緻に定義する必要はないでしょう。本書では、ブラック企業＝働く人を大切にしない会社とします。

ホワイト企業とは「人を育てる」会社であり、ブラック企業は、人を「使い捨てる」会社です。いずれにしても、ブラック企業には近づかない方がいいでしょう。

働き手としてだけでなく、顧客や消費者としても近づかない方がいいです。ナイキの工場における児童労働が世界的な問題になりました。インドネシアやベトナムの工場で、児童が劣悪な条件で働かされていたのです。

その後、同社は反省し、労働実態は大きく改善したようです。ナイキに対して、多くの先進国で不買運動などの異議申し立て（クレーム・メイキング）がありました。日本ではそうでもありませんでしたが……。

ナイキの商品を買い続けることは、同社の児童労働を認めることになります。ナイキの商品を買わないことは、同社に対して「声」を上げることになります。

それと同じように、ブラック企業の商品を購入したりサービスを享受したりすることは、ブラック企業を認めることになってしまいます。

ブラック企業に就職するのも同じです。ブラック企業を認めてはいけません。

▼非正規雇用の拡大

ホワイト企業を中心とした大企業の正規職は、それほど減っていません。一九七〇年頃から現在までの50年以上にわたって、ほぼ横ばいです。大企業を中心としたメンバーシップ制の新卒一括採用は、少なくなっていないのです。

増加しているのは、非正規雇用です。ブラック企業の増加は、非正規雇用の増加と大きく重なります。特に、女性の非正規雇用の増加が顕著です。近年、女性の就業率が高まっていますが、その多くが非正規雇用なのです。

単純化すれば、専業主婦が減って、そのぶん女性の非正規雇用が増加しました。かつて3人に2人だった専業主婦は、いまや3人に1人になりました。比率が逆転した形です。

30％強の増加。それは女性の非正規労働者の増加分と、ほぼ同じです。

企業は、安価な労働力を調達できました。コストを抑制することができたわけです。「女性の社会進出」といえば聞こえがいいですが、待遇については改善の余地が大きいのです。

もちろん、非正規雇用や派遣労働などの働き方を歓迎した人たちも大勢いました。非正規であれば中間管理職にならなくていいとか、非正規であれば辞めたい時に辞めやすい、等々。正規雇用のパートナーがいて、ある程度の収入を得ていれば問題ないでしょうが、そうでなければ不安定ですね。

非正規や派遣、あるいは長期のアルバイトという就労は、十分注意する必要があります。

二〇二〇年初頭からのコロナ禍を思い出せば、すぐにわかることです。コロナ禍においては、女性を中心とした非正規の人たちが、あっという間にリストラされました。不安定な非正規雇用は、避けられるものならば避けた方がいいでしょう。

▼ブラックかどうかは業界で決まる

ブラック業界という言葉もあります。ブラック企業とブラック業界は異なりますが、実際上は大きく重なり合います。ブラック業界の多くの会社は、ブラック企業です。

もちろん、すべてがそうではありません。しかし大きな傾向としては、ブラック企業は同じ業界内に存在します。ブラック業界にはブラック企業が多く、ホワイト業界にはホワイト企業が多いのです。

ブラックかホワイトかは、基本的には業界で決まります。ビジネスモデルが同じだからです。ビジネスモデルとは、「稼ぐ仕組み」のことです。特定の業界内の企業は、同じような稼ぎ方をします。ちょっと違った稼ぎ方をしたとしても、すぐに他社が模倣します。結局、同じようなビジネスモデルに収まります。

当然ながら、シェア（市場占有率）が高いほど有利です。価格決定の主導権、いわゆるプライスリーダーシップもシェアの上位、一般的にはトップ企業が持っています。

業界内の待遇は、シェア1位の会社がもっとも良く、後はシェアの順に低下します。

業界によっては、シェア2位以下の会社の方が1位よりもいい場合がありますが、それは例外です。シェア1位の会社に追いつくために有能な人材を獲得しようとしたり、シェア下位から急上昇して勢いに乗っていたりする場合です。

働き手としては、ホワイトな業界を見つけた方がトクです。ブラックとまでいかなくとも、待遇の悪い業界は避けた方がいいでしょう。

転職は通常、同じ業界内で行われます。違う業界への転職は、仕事に関する知識や人脈を入れ替える必要があるので避けられます。結果的に、同じ業界に居続けることになります。したがって、待遇の悪い業界に一度入ってしまうと、ずっと待遇が悪いままになります。最初の職業を初職といいますが、初職は注意深く選んだ方がいいでしょう。ブラックな業界を避け、ホワイトな業界を選びましょう。

そもそも、企業選びより先に、業界選びがあります。「業界→企業」という順番は重要なので、後でもう一度触れます。

しつこいようですが、初職は後々まで大きく影響します。履歴書から削除されることはありません。「後悔先に立たず」。初職は慎重に選びましょう。

▼人を大切にするホワイト企業

ホワイト企業は人を大切にします。遵法精神も高く――本来は当たり前ですが――法律に則った制度が整っています。

妊娠すれば、産休が取得できます。子どもが生まれれば、育休が取得できます。さして気をつかうこともなく、当然の権利として享受できます。

ブラック企業なら、取得できたとしても気をつかわなければならないでしょう。最悪、「産むなら辞めろ」と言われることもあります。いわゆるマタハラですね。

産休や育休は、ワーク・ライフ・バランスの「ライフ」にあたります。有給休暇などもそうです。ホワイト企業は、ワーク・ライフ・バランスを実現しています。

ホワイト企業はバランスを図るだけでなく、ワークそのものにおいて人を大切にします。例えば早期から、タバコの副流煙や電磁波の問題に対処してきました。ブラック企業とは大違いです。

▼長期的なキャリアを考えてくれるホワイト企業

ホワイト企業は、職場の環境だけでなく、長期的なキャリア・プランも考えてくれます。

日本はいま定年延長の傾向にありますが、転職しなければ、40年以上の長きにわたって同じ企業に勤めることになります。

40年の間、まったく同じ仕事を続けることはありません。5年に1回の異動とすれば、40年の間に8つの部署を経験します。同じ部署であったとしても、職務や担当が変わることもあるでしょう。職務（キャリア）の経路をキャリア・パスといいます。計画がキャリア・プランです。ホワイト企業ならば、過去の事例を参考にした上で、本人の希望と適性を考慮しつつ、それまでのキャリアを踏まえたキャリア・パスを考えてくれます。もちろん自分自身のことですから、アナタも希望を出せます。

ここで重要なのは、会社側にその意志があるということです。キャリアを歩む主体は、もちろんアナタです。しかし、会社全体のすべての仕事を知ることはできません。

さらにいえば、アナタは自分自身のすべてを把握していません。「ジョハリの窓」という言葉があります。自身で気づいていない適性や才能は、アナタ以外の人の方が気づきやすいのです。予想もしない職種で活躍して会社にメリットをもたらすとともに、アナタ自身が充実した人生を歩む可能性は十分にあります。

少なくともホワイト企業は、そのようなマインドや思想を有しています。搾取することしか考えていないブラック企業とは大違いです。

▼厳選採用が進むホワイト企業

ホワイト企業に入るのは、簡単ではありません。採用数に限りがあります。

無限定に社員を採用すれば、あっという間にコスト超過に陥ります。企業にはバブル期の「失敗」の記憶が残っています。バブル景気に浮かれて、企業は新卒採用を急激に増やしました。バブルが弾けた後、多くの会社は重い人件費に苦しみました。

いずれにしても、ホワイト企業は厳選採用です。厳選採用だからこそ、ホワイトでい続けることができるのです。無限定に採用していては、ホワイトでいられません。ホワイトであり続けるには、「メンバー」を厳しく選ぶ必要があるのです。

ホワイト企業に加わるのは、厳しい選別をくぐり抜けた者のみに許されます。アナタがホワイト企業に行きたければ、ホワイト企業に入るための条件を正確に知り、その能力を身につけねばなりません。

▼深刻な人手不足……若者には大きなチャンス

「厳選採用」と聞けば、何やら大変なイメージを持たれると思います。現実に狭き門です。

一方で、人手不足です。少子化の影響です。日本国内における労働力人口は、減少の一途です。若者は少なく、なかでも優秀な人材は限られています。

外国人の採用は、言語や文化の壁などがあり、なかなか進みません。高度な日本語や専門性が必要とされる分野は特にそうです。

近年の円安も逆風です。難しい日本語を習得して、わざわざ安い円を稼ぎに来ようとは思わないでしょう。世界の優秀な人材は、欧米の大学や大学院で学んで欧米の企業に就職することが多く、なかなか日本を選択してくれません。

そのような状況は、日本の若者にとって追い風です。日本のホワイト企業への就職を目指す限りにおいて有利です。ビザ取得に伴う手続きは、企業にとって面倒です。日本人ならば、就労ビザは不要です。

日本国内の中堅私大の学生にとって、ホワイト企業への入社は、過去よりも易しくなったでしょう。あらゆるレベルの大学や大学生に、チャンスが広がりました。

「はじめに」で触れましたが、大学全入時代と無関係ではありません。全体として大学に入りやすくなり、結果的に、個別の大学の学生が多様化しました。昔は偏差値で「輪切り」でしたが、今はそうではありません。

「学歴フィルター」という語もありますが、かつては「指定校制度」と呼ばれ、決められた大学からしか応募できませんでした。

そのような状況と比べれば、今は多くの学生にチャンスがあります。ホワイト企業の多くは門戸を広くして、多くの学生のなかから、自社にマッチした優秀な人材を確保しようと必死になっているのです。

▼抽象的思考を求めるホワイト企業

ホワイト企業が学生に求めるのは、高い日本語の運用能力です。国語力です。

細分化すると、日本語の四技能と思考力です。四技能とは、「聞く」「話す」「読む」「書く」です。本書では「考える」を加えて「五技能」と呼びます。

日本語の五技能があれば、ホワイト企業へ入社できる可能性は大きく高まります。ただし、すでに述べたように、ホワイト企業の多くは新卒一括採用です。卒業時にトライするのが常道です。既卒であれば、他の会社で実績を積み、中途採用や経験者採用で挑戦することになります。

日本語の五技能は、どうすれば向上するのか。それは次章以降にお話しします。その前に、理系との付き合い方についてお話ししておきましょう。

3. 必要とされる理系との協働

▼高い付加価値を生む理系

文系人材が社会で広く活躍しているのは事実ですが、一方で、理系人材も重要です。すでに述べたように、新しいモノやサービスを開発するには、理系人材が必要です。開発だけでなく、維持や保守においても理系人材は必要になります。

NTNという会社があります。ベアリングの大手です。ホワイト企業です。NTNの2023年度の採用実績をみると、63名の採用のうち「技術系」が36名、「事務系」が27名となっています。理系が6割、文系が4割です。個人的には理想的な比率だと思います。

現にホワイト企業の多くは、文系と理系をバランス良く採用しています。文系は文系の特性を生かし、理系は理系の特性を生かす。その上で協働し、目標に向かって邁進します。

▼アナタ自身が理系である必要はない

理系が優れているのは事実です。理系は基本的に、数学が得意です。高校で「数学Ⅲ」を履修しています。数学と親和性の高い、物理が得意な人も多いでしょう。

文系の多くは「数学嫌い」です。文系からみれば、「数学好き」の理系の思考は、よくわからないかもしれません。

会話が噛み合わないことも少なくないでしょう。技術オタクのことをギーク（geek）と呼んだりしますが、そのような感じでしょうか。文系から見れば、専門ばかり詳しくて意味不明な用語を使う理系は、オタクのようでしょう。理系に対する文系のまなざしは、優越感と劣等感がないまぜになったものかもしれません。

だからといって、文系のアナタが理系になる必要はありません。理系の領域は、理系に任せておけばいいのです。文系のアナタは文系の領域で力を発揮すればいいのです。同じ土俵の上で勝負する必要など、まったくありません。

▼必要なのは理系に対する理解

文系のアナタに必要なのは、理系に対する理解です。理系は競争相手ではなく、協働や理解の対象です。文系のアナタは、理解が得意なはずです。

理解とは、わからないものを捉えることです。どのように捉えるか。それは言語化です。言語とは抽象です。つまり「理解する」とは抽象化であり言語化なのです。具体的なものを抽象化し、言語化する。抽象的なものを、より抽象度の高い形に言語化する。それらが文系における理解です。メタ的な認知も含まれます。例えば、犬がいたとします。一見すれば、ただの犬です。「これは何ですか？」と聞かれれば、大抵の人は「犬」と答えるでしょう。

でも、ある人は「家族」と答えます。この場合の「ある人」は、飼い主です。

ある人は「商品」や「商材」と答えます。この場合の「ある人」は、ペットショップのオーナーかブリーダーです。

ある人は「食材」と答えます。世界の特定の地域では、犬を食べる習慣があるそうです。その人たちにとって犬は「食材」です。

理系が作り出したものを、どのように活用するのか。

理系が作り出したものを、どのように表現するのか。

理系が作り出したものを、どのような手順で顧客に届けるか。

社外はもちろんのこと、社内への説明や調整も必要です。場合によっては、法務や税務、あるいは労務的な知識が必要になるでしょう。広い視野から広い教養をもってみることができるのは、何といっても文系人材です。

ホワイト企業が業績を伸ばす背後には、文系と理系の協働による相乗効果があります。理系側の理解も必要ですが、より重要なのは文系側の理解です。

なぜなら理系は専門性が高い、つまりは特殊だからです。

加えて文系は、抽象的理解が得意だからです。抽象的な理解が必要な局面は、文系であるアナタの能力を発揮するチャンスなのです。

4. 文学部は就職に弱いのか

▼実際に低い文学部の就職率

学部ごとの就職率をみれば、文学部よりも経済学部の方が、就職率が高いのに気づくでしょう。両者の差は大きければ6－7％、小さければ2－3％といったところでしょうか。大きいといえば大きいですが、小さいといえば小さいように思います。この差をどうみるか。

大きいか小さいかは、立場によって異なります。大学経営者や就職担当の教職員であれば、たとえ2％であっても看過できません。少しでも就職率をアップさせようと躍起になります。

では、アナタ個人にとってはどうでしょう。皆さんが高校生や大学生だったとしたら、どうでしょう。

例えば3％の差だったとします。1クラスの人数は30人とします。3％は、たった1人です。経済学部のクラスで30人中28人が就職したとすれば、文学部では27人です。6％だったとしても、差は2人に過ぎません。

全体をマクロと言います。個別はミクロです。マクロでみれば、つまり大学や学部単位でみれば、就職率の高低は大きな問題です。しかし、ミクロつまり個人でみれば、3％の差など大した問題ではありません。

アナタの所属するクラスをイメージしてください。アナタは文学部の学生とします。経済学部のクラスは、就職した人が28人。アナタのクラスは27人か26人。大きな問題ではありませんね。26人の側に入ればいいだけです。就職できない3～4人を意識している時点で、志が低過ぎないでしょうか。ビビり過ぎです。

少数の人は、どうしても生まれます。その人たちに対するフォローは必要です。でも、それは教職員の役目です。アナタは上を目指して、どんどんチャレンジすればいいのです。

▼就職率ではなく能力の向上を意識しよう

多くの就活生は勘違いしていますが、就活は頑張るものではありません。就活は、能力を発揮するものです。頑張るのは、就活以前です。就活以前に頑張って能力を高め、それを就活で発揮するのです。

無いものは発揮できません。まずは能力を高める必要があります。

文学部に特有な能力の高め方は、「好きなこと」を通じて学ぶことです。文学部は、文学であろうとサブカルであろうと、本人が「好きなこと」を対象とします。

「好きなこと」を学ぶのは、文学部が就職に弱い理由のひとつです。文学部の学生は「好きなこと」を優先し、就活を相対的に軽視しています。

経済学部などの学生は、大学受験の段階で、すでに就職を意識しています。「経済学部であれば就職に有利だろう」と考えた上で受験しています。

この差は当然、就職率に影響します。高校生の時から就職を意識していたということは、早期からの就職対策に繋がるでしょう。

良し悪しの問題ではありません。本人の価値の問題です。

就職か、それとも学ぶ対象か。決定権は、アナタ自身にあります。

▼「好きなこと」で学んだ人材は強い

文学部の学生は、就職よりも「好きなこと」を優先すると言いました。

例えば、卒業論文を書く人の割合は、大抵の大学において、文学部の方が高いはずです。

理由は簡単。研究対象が好きだからです。

エートスとは、集団の規範意識などを指す言葉です。心的な傾向といってよいでしょう。

文学部の人たちは、次のようなエートスを持っています。「就職も大事だけど、大学では好きなことを探求したい」「好きなことを通じて、能力を高めたい」。

大学は研究する場です。したがって教えるのは研究者です。学生は研究を通じて学びます。研究は難しく、厳しいものです。投げ出したくなることもあるでしょう。

でも「好きなこと」ならば、継続しやすいはずです。「好きなこと」ならば自発的、自律的に学べるでしょう。

他律的な学びの辛さは、皆さんが一番よく知っているはずです。「やらされる学び」ほど、つまらないものはありません。社会人になれば、「やらされる仕事」です。

内なるモチベーションに従う行為と、外在する意志や規範に従う行為の、いずれのパフォーマンスが高いか。言うまでもありませんね。

大学時代に「好きなこと」を探求する。「浅く」では、探求になりません。探求には深さが必要です。「深く」学ぶには、高いモチベーションが必要です。「好き」は高いモチベーションに繋がります。

ホワイト企業は、探求の深さを評価します。大学で「好きなこと」を探求し、学びの深さを評価されて、ホワイト企業に入社する。そして入社後、大切にされる。

あくまで選択肢のひとつですが、「理想」だと思いませんか。

第2章 社会を動かすのは アウトプットだ

1. 文系の最大の強みは国語力

▼仕事の基本は日本語

仕事の基本は日本語です。

英語を使って仕事をしている人はいます。英語なしでは、仕事にならない人もいます。しかし、そのような人は少数です。

人と話をする、電話で話す、PCを使う、作業をする、一人で考える等々、ほとんどは日本語で行われます。一部の人を除いて、われわれは日本語で仕事をしています。

仕事で外国語を使うことを否定しているわけではありません。素晴らしい能力であるのは間違いありません。

外国語を身につけて仕事に就こうという人は、本気でやってください。「生兵法は大怪我のもと」。中途半端な能力は、プロとして不十分です。英語をやるのであれば、本気でやりましょう。

プログラミングも同様です。専門性を身につけるのであれば、プロとして通用するレベルを目指しましょう。

英語ができるといっても、私を含め、ちょっとした挨拶程度です。少々込み入った話になれば、お手上げです。そのような人がレベルの高い仕事を、英語でできるはずがありません。

仕事で英語を使っている人でも、すべてを当人がやっているとは限りません。いざ、英語の打ち合わせや契約になると、通訳や国際弁護士を介して話をしているでしょう。

当たり前といえば当たり前です。口頭といえども契約です。何もわからないままに安請け合いすれば、会社に損害を与えてしまいます。中途半端な英語力での契約など、会社や上司が許すはずはありません。

結局のところ、ビジネスのシビアな局面では、相応の英語力が要求されます。私はＴＯＥＩＣ９００点ですが、まったく役に立ちません。

繰り返しますが、英語やプログラミングは、やるのであれば本気で取り組みましょう。本気で取り組んだのであれば、結果的に挫折しても相応の力がついています。

やるなら、本気で。それは英語やプログラミングに限ったことではありません。生半可な気持ちで取り組むのがクセになると厄介です。何事もすぐに投げ出すようになります。

「新しいこと」に取り組むと、人は褒めてくれます。自慢もできます。何事も、最初は易しいものです。

しかし、成長曲線は「Ｓ字」を描きます。必ず伸び悩む時期が来ます。本当に伸びる人は、停滞期を我慢できます。伸びない人は我慢できません。すぐに投げ出します。

英語の話に戻しましょう。

日本国内の仕事の大半は、日本語で行われます。「メイ、アイ、ヘルプ、ユー？」程度の英語は溢れていますが、その人たちにしても、仕事の大半は日本語でしょう。

この本を読まれている方は、まずは日本語の能力を高めましょう。

コスパという言葉が流行っていますが、英語の能力をプロレベルに上げるのに比べれば、日本語の能力をプロレベルに上げる方が、はるかにコスパは優れています。

▼国語力とは抽象的な把握力

では、日本語力（国語力）とは何でしょうか。

様々な定義や分類があると思いますが、本書で強調したいのは、抽象的な把握力です。抽象的な把握の後に、表現があります。表現する力よりも前に、把握する力が必要です。

抽象的な把握力とは別に、具体的な把握力もあります。目で見てわかることです。具体的な把握力も国語力に含まれますが、ここでは忘れます。簡単だからです。例えば「テーブルの上にリンゴがいくつあるか？」は、小学生でも簡単にわかります。

問題なのは抽象的な把握です。抽象的な把握は、極めて難しいのです。30代や40代どころか、50代になっても怪しい人がたくさんいます。

最大の原因は、国語力の低下です。本を読む人が少ないのですから、当然ですね。

この本を読んでいらっしゃるアナタは希少です。周囲が本を読まないなかで本を手にされている。それだけで希少です。

今後、アナタの希少価値は上がっていきます。読書離れや活字離れが進むからです。「読書離れ」や「活字離れ」は、本を読むアナタにとって追い風です。

▼難しいから価値がある

抽象的な把握力を身につけるのは、極めて困難です。抽象的な把握は極めて難しいのです。難しいからこそ、価値があります。価値があるものは大抵、難しいものです。

易しいことを身につけても、大した意味はありません。誰でもできるからです。

難しいことは「できる人」が少ないのです。少ないからこそ価値があります。挑戦するのであれば、可能な範囲で、難しいことにしましょう。易しいこと、例えば、誰でもとれるような資格を目指すのは、時間の無駄です。

いずれにしても、抽象的な把握には価値があります。難しいからこそ価値があります。

抽象的な把握とは、言語化です。具体的な把握であれば、現物を見ればいいでしょう。現物でなくとも、写真や動画を見れば済みます。

抽象は、そうはいきません。言葉にする必要があります。抽象画や抽象音楽は例外です。抽象画や抽象音楽で何かを伝えることは可能かもしれませんが、極めて不確実です。

コミュニケーションにおいて、情報などを受け取ることをデコードと言いますが、抽象画や音楽による伝達は、どのようにデコードされるかわかりません。それに比べて、言語によるコミュニケーションは、はるかに確実です。

「話す」より「書く」方が、さらに確実性が高まります。行政などにおける文書主義が典型です。口頭でのやり取りでは「言った／言わない」が生じますが、書けば回避できます。書かれたものは物理的に、証拠として残るからです。

あらゆるものは、言語という記号で記述できます。才能豊かな小説家は、ペンやパソコンだけを使って、何百億円も投じた映画以上の世界を表現します。

この本を読んでいる皆さんがやるべきは、まずは日本語力の向上です。

皆さんはすでに、少なくとも1冊の本を手にとってらっしゃいます。少しですが、確実にアドバンテージです。

そのアドバンテージを大切にしましょう。誰も本を読まない時代に、アナタは本を読んでいる。これは紛れもない事実です。誇張でも何でもなく、アナタは国語力の獲得において、すでに何歩も先を行っているのです。

▼具体的な国語力とは四技能

国語力とは、何か。先ほど、抽象的な把握力だと言いました。具体的にいえば、四技能です。聞く／話す／読む／書く、の４つです。本書では「考える」を加えて五技能と呼びます。

一般的に最も難しいのは「書く」です。本や論文を書いて刊行するのは、多くの人にとって至難です。

「考える」も極めて難しいと思います。「考える」は普段、四技能とともに行います。人の話を聞きながら考える。誰かに話しながら考える。何かを読みながら考える。何かを書きながら考える。

「考える」と四技能は不可分です。言い換えると、「考える」を単独で行うのは極めて難しいのです。「考える」能力を向上させるには、四技能を向上させる必要があります。四技能を通じて「考える」能力を上げるのです。

しかし最後は、単独で「考える」ことが必要になります。何もすることなく、専らに考える必要があります。それについては、本書の後半で述べます。

▼読書の重要性

聞く／話す／読む／書く、いずれから取り組めばいいのでしょう。答えを先にいうなら、「読む」です。まずは「読む」から始めましょう。

人間の発達段階からみて、「聞く」から始めるのが自然です。人は誰しもこの世に生を受けた時、四技能のいずれもできません。両親などと触れ合い、教育を受けるなかで順に身につけていきます。

最初に身につけるのは、「聞く」です。母親が話すことなどを徐々に理解していきます。

次が「話す」です。

その次が「読む」です。文盲の方を想像すればわかるでしょう。彼ら彼女らは、問題なく会話できます。人の話を聞き、話すことができます。でも読むのは難しく、書くことはさらに難しいのです。

言い換えれば、言語というものは、極めて不自然なのです。

まったくの自然状態であれば、四技能など習得されません。習得したとしても、「聞く」「話す」だけです。しかし社会は極めて高度になり、教育も充実し、誰もが言語の四技能を身につけるようになりました。

ここまでみてくれば、もうお分かりでしょう。「聞く」「話す」の２つの能力は、後回しで結構です。この本をお読みの方々は、すでにある程度の「聞く」「話す」能力をお持ちです。もちろん、より高いレベルに到達するには鍛錬が必要です。しかし優先順位は高くはありません。優先順位が高いのは「読む」です。読書です。スポーツでいえば、「走る」に相当します。

野球選手は走り込みます。高卒で線の細かった選手も、プロの世界で鍛えられると驚くほど下半身が発達します。野球場でプロの試合を観戦すれば、選手の尻が大きく、太ももが太いのに驚くでしょう。

まずは、読むことです。その他は二の次。

読書を習慣づけ、日本語の基礎力を身につけましょう。

▼読む量を意識する

どのように読めばいいのか。少しずつでいいので、毎日、読みましょう。注意するのはたった1つ、読み続けることです。継続です。

当面は、とりあえず読んでさえいれば大丈夫。

読む本は、何でも結構です。まずは読む。自分が興味を持てる本であれば、何でも結構です。読める本であれば、どんなジャンルでも構いません。

いずれは本の難易度を上げていく必要があります。何でも読めばいいというわけではなくなります。ただし、それは後の話。

物事には順序があります。ひとつひとつ、確実にステップアップすることが重要です。

まずは読むことに徹しましょう。

▼読んだ冊数を記録する

読み続けるコツは、記録することです。「レコーディング・ダイエット」という痩身法をご存知でしょうか。体重を記録します。記録することで、結果が可視化されます。たとえ0・2キログラムでも、体重が減れば嬉しいものです。

それと同じで、読書の記録をとりましょう。本の内容をメモする必要はありません。面倒なので続きません。大変なことを最初からやろうとすると挫折します。

記録するのは冊数だけ。何冊読んだか、それだけを記録しましょう。

記録する単位は、週や年ではなく、月がいいと思います。週だと冊数が少な過ぎます。年だと変化がわかりにくいでしょう。月ごとに記録するのがオススメです。

メモするのは、スマートフォンで十分です。スマートフォンのメモ機能をお使いください。

メモ帳を使うと、手元にない時に記録できません。スマートフォンは大抵、身近にあります。スマートフォンのメモに、「1月5冊、2月3冊……」と記入していきましょう。

今は5月だとします。アナタは今月、すでに7冊読んでいます。次の1冊を読み終えたら、「7冊」の「7」の数字を「8」に変えるだけです。たったこれだけ。

以下が、メモの例です。

1月	5冊
2月	6冊
3月	6冊
4月	2冊
5月	8冊

数ヶ月後に見返すと、毎月の変化がひと目でわかります。

「あれ、先月ぜんぜん読んでないなあ」「おっ、今月は、けっこう読んでるぞ」。

そのうち、冊数が増えるのが楽しみになります。

「冊数を増やすために読んでいるのではないか」「メモという手段が目的化しているのではないか」といった批判が聞こえてきそうですが、無視しましょう。

とにかく読めばいいのです。「読む」ことが何より重要です。

何事も成すには、一点集中です。今は「読む量」＝冊数だけにフォーカスしましょう。

2．社会を動かすには、国語力が必要だ

▼コミュニケーションの基本は国語力

日本でも転職が増えてきました。派遣労働も増加しています。雇用の流動化です。数年ごと、場合によっては数ヶ月ごとに転職を繰り返すジョブ・ホッパーも珍しくありません。

時代は変わっても、退職や転職の一番の理由は「職場のコミュニケーション」です。「人間関係」です。人を悩ませる最大の要因は、人なのです。人が人との関係に悩む姿は不変です。結局のところ、何をやるか（What）よりも、誰とやるか（Who）の方がはるかに重要なのです。

人間関係の基本はコミュニケーションです。コミュニケーションは2つに大別できます。バーバルとノンバーバルです。言語と非言語です。言葉を使ってコミュニケーションするのか。それとも言葉を使わずに、表情や身振りなどでコミュニケーションするのか。

例えば、プライベートのコミュニケーションでノンバーバルは重要でしょう。恋人や夫婦間のコミュニケーションが典型です。しかし仕事はオフィシャルです。プライベートではありません。したがってバーバルなコミュニケーションが基本です。

感性や感情によるコミュニケーションは、好き／嫌いに繋がります。人間だから仕方がないといえますが、好き／嫌いは不公正に繋がります。社会には公正さが必要です。理性に基

づいた論理的なコミュニケーションをベースにする必要があります。

コミュニケーションの基本は言語です。国語力です。国語力を涵養し、論理と論拠でコミュニケーションを行うようにしましょう。

▼「文系」とは国語力のある人のこと

コミュニケーションの基本が言語や国語にあるのであれば、文系は有利です。文系とは、「国語力のある人」といってよいでしょう。

だとすれば、国語力のない人は、文系とは言い難いことになります。

英語やプログラミングや資格に走る文系の人は、国語力から逃げているのかもしれません。私大文系の多くの人の感覚や思考は、次のようなものではないでしょうか。

- 高校（中学）の時に数学が嫌いになった。
- 数学ができないから理系は無理。文系しかない。
- 大学に入れたが、これといって強みはない。
- 就活では強みが必要らしいけど、どうしたらいいか、わからない。

・英語かプログラミングでもやろうかな。
・とりあえず資格でもとれば、何かアピールになるだろう。
・就活用だから、楽にとれる資格はないだろうか。

私のオススメは、国語から逃げないことです。

色々やったとしても、ある程度の能力が身につかなければ意味はありません。今のアナタは少なくとも日常生活において、国語に関して困っていないはずです。すでにアナタは、日常生活レベルを超える高い日本語力を身につけているのです。

アナタは授業中や会議中に、積極的に発言していないかもしれません。でも、やろうと思えばできるはずです。

留学生などの外国人と比べればわかります。外国人の人をバカにしているわけではありません。外国人の人も様々な能力をお持ちです。ただ、ここでは日本語能力という一点のみにおいて比較してみましょう。

あなたはおそらく99％の外国人よりも、優れた日本語能力をお持ちのはずです。当たり前といえば当たり前です。

経緯はさておき、その日本語能力を過大や過小に評価することなく、客観的にみてみましょう。どうですか？　かなりの能力ではありませんか？　アナタの国語力は、少なくともアナタの英語力より、はるかに高いはずです。

文系のアナタは日本語力をこそ磨くべきです。文系とは、高い日本語力を身につけた人です。文系人材とは、高い日本語力で仕事を遂行していく人です。

英語やプログラミングは二の次です。真っ先に取り組むべきは、日本語力の向上です。日本語力が向上すれば、大幅にコミュニケーションが改善します。

そしてアナタの日本語力は、かなりいいところまで来ています。その力を伸ばした方が、はるかに「お得」だと思いませんか

▼アウトプットとは他者に働きかけること

国語力や言語能力は、インプットとアウトプットに分けることが可能です。

聞く／読むは、インプット。

話す／書くは、アウトプットです。

アウトプットは、他者に働きかけること。インプットは、アナタが他者から働きかけられ

ることです。能動と受動といってよいでしょう。

さて、どちらが重要でしょうか。もちろん、どちらも重要です。片方が欠ければ、コミュニケーションは成立しません。

でもあえていえば、アウトプットの方が重要です。アウトプットが最終的な目標です。

多くの人は、アウトプットが絶対的に不足しています。例えば大学において、学生は十分に話しかけられています。「聞く」というインプットは十分に行っています。しかしアウトプットは、それほどしていません。

必要なのはアウトプットです。「話す」ことであり「書く」ことです。

仕事とはアウトプットです。何かをアウトプットして対価を得るのです。私たちは他者に働きかけて対価を得ています。

アウトプットは、国語力の一部です。国語力を上げれば、単位時間あたりのアウトプットの量が増えます。アウトプットの質が上がります。

国語力を上げて、アウトプットの量と質を上げましょう。

3．アウトプットが、インプットの質を上げてくれる

▼アウトプットを前提にしよう

最終的にはアウトプットが重要ですが、だからといって、インプットを軽視することはできません。むしろ、アウトプットの量と質を上げるには、まずはインプットの量と質を上げる必要があります。

インプットの量が増えれば、アウトプットの量も増えます。

インプットの質が上がれば、アウトプットの質も上がります。

たくさん読めば、たくさん書くことができます。質の高いものを読めば、質の高いものが書けます。

聞いたり、話したりするのも同じです。語彙の少ない人と話してばかりいると、「ヤバい」を連発することになります。

既述のように、まずは単に「読む」ことを実行しようと言いました。

次は、アウトプットすることを決めましょう。インプットするよりも前に、です。常にアウトプットを前提にインプットするのです。常に、です。

例えば学生であれば、「○月○日のゼミで●●について報告する」と決めてしまうので

す。内心で決めただけでは不十分です。公言しましょう。

公言することによって、意識的に自分を追い込むのです。言った後に内心「ヤバい！」と思うかもしれませんが、ここはグッと堪えましょう。不安をやる気に変えましょう。資料を読んで準備を重ねれば、徐々に不安は小さくなります。

そのうち、調べることが楽しくなってきます。不安が自信に変わってきます。それが学びにおける、正のスパイラルです。

多少の失敗があっても、気にすることはありません。最初から大きな成果を期待するのは不遜です。最初から上手くできるはずはありません。

まずは「やった」だけで、自分を評価してあげましょう。

▼インプットの時に意識することが重要

直前の項目で、「常にアウトプットを前提にインプットする」と言いました。インプットの質を向上させるポイントなので、もう少し詳しくお話しします。

インプットしている時、アウトプットの存在を意識するのです。例えば資料を読んでいる時、来週の会議を意識します。意識しながら、読むのです。

面白いもので、アウトプットを意識することによって、インプットの質が上がります。確実に上がります。思考そのものが変わります。

例えば、こんな感じです。アナタは資料を読んでいます。アナタが担当する販売促進イベントに関する資料です。過去3年の記録です。

パターンA―単に自分の勉強のために、読んでいる。
パターンB―来週の会議で報告するために、読んでいる。

AとBどちらの方が、効果が高いか。言うまでもないですね。Bです。

パターンAでは、つまり会議というアウトプットを意識していなければ、単に読んでいるに過ぎません。それに対してBは、会議での報告を意識しています。アウトプットを意識して読んでいます。

アウトプットを意識すれば、色々と考えはじめます。「課長は何と言うだろうか」「Aさんは厳しい所を突いてくるから、理論武装しておこう」。

アナタの意向や意志も、鮮明になります。「来年も続けたい」「社として続けた方がいい」「メリットを強調して予算を引き出そう」等々。

アウトプットがあるからこそ、インプットの質が上がります。

アウトプットがあるから、人は考えるのです。

▼インプットとアウトプットはワンセット

四技能は、インプットとアウトプットに二分できると言いました。

しかし実際には、インプットとアウトプットを完全に分離することはできません。純粋にインプットやアウトプットのみを行うことは、普通はしないのです。

例えば、資料を読んでいるとします。メモをとったりするでしょう。メモはアウトプットです。「読む」というインプットと同時に、「書く」というアウトプットを行っています。

アウトプットの際も、インプットを行っています。

例えば、会議でプレゼンテーションをするとします。アナタはプレゼンテーションというアウトプットをしていますが、同時に手元のメモを見ています。「読む」というインプットです。参加者の反応を探ることもあるでしょう。これもインプットです。参加者の顔色を「読んで」いるのです。

もっと単純な形でいえば、音読があります。声に出しながら読む。これは「読む」というインプットと「話す」というアウトプットを同時に行っています。

さらに音読は、自分が話した言葉を耳で聞いています。音読は、「読む」というインプットを行った後に「話す」というアウトプットを行い、ほぼ同時に「聞く」というインプットを行っています。

言語習得において音読は有効です。3つの形式を同時に行っているので、時間効率が良いのです。加えて、正誤が即時に確認できます。ただし、音読の負荷は高いので、億劫ではあります。

インプットとアウトプットはワンセットであると意識しましょう。特に重要なのは、インプットの時に、アウトプットを意識することです。それによって、インプットの質が向上します。インプットの質が向上すれば、必ずアウトプットの質も向上します。

付記すれば、アウトプットによって、インプットの不足に気づきます。インプットとアウトプットはワンセットなのです。

▼ポイントは自発性

アウトプットを必ず設定しようといいました。勇気を出して、自ら手を挙げようと。「自ら」は、大きなポイントです。「来週の会議で報告してくれる?」と他の人に設定されたら、効果は半減です。

ポイントは自発性です。自律性といってもいいでしょう。

誰かに律されるのを、他律といいます。他律だと「やらされている」ことになります。他律的だと、勉強や仕事は楽しくないし、効率も下がります。単なる義務になります。

自律的な勉強や仕事は楽しいのです。自発性や自律性によって、学びの効果は確実に上がります。

実のところ、社会に完全なる自律性などありません。社会学が明らかにしていることですが、われわれは皆、何らかの「制度」や「構造」に絡め取られています。システムといってもいいでしょう。

例えば就活。どのように働くかは自由なはずですが、みなが一様に髪を黒く染めて短く切り、リクルートスーツを着て型通りの就活をします。義務ではないはずなのに、ほとんどの人は就活に勤しみます。

就活しないと食べていけないし、フリーランスや起業はリスクが高いからです。形式上の選択肢は複数あっても、実際上はひとつしかないのです。よほど裕福でもない限り、就活する他ないのです。

どうせやらないといけないのなら「楽しく」取り組みましょう。自律的かつ自発的に。純粋で（pure）理想的（ideal）ではないかもしれませんが、実社会（real world）を生きてい上では有効です。

何ごとも「楽しめる」のは大きな強みです。そのようなマインドは、いつ何時でもアナタを助けてくれるでしょう。

4．批判はいいけど羞恥心はダメ

▼アンチが質を上げてくれる

多くの人は批判を嫌います。批判されるのはもちろんのこと、批判するのも嫌いです。多くの人がいう「批判」は、非難かもしれません。批判と非難は、本来は異なります。

批判とは是々非々のことです。良いものは良い、悪いものは悪いというだけであって、すべてを否定するわけではありません。一方の非難は、責めることです。

いずれにしても多くの人は、批判や非難を避けます。衝突や対立を避けたいのです。

ここでは批判などを「アンチ」と呼びましょう。実は多くの人が嫌う アンチは、議論の質を上げてくれます。議論や論考の質を上げるにはアンチが必要 なのです。

弁証法です。ヘーゲルが提唱しました。

まずテーゼがあります。テーゼとは定言です。定言とは「○○である」という言い方だと思ってください。「○○なら」とか「○○なのか？」などは、定言ではありません。言い切るのが定言です。

テーゼに対して、アンチ・テーゼが提示されます。アンチは否定です。

例えばこんな感じです。

> 彼氏「焼き肉が食べたい」
> 彼女「血液検査の結果が悪かったでしょ。お肉やめたら」

彼氏の発言がテーゼ、彼女の発言がアンチ・テーゼです。食べたいという彼氏の欲求を否定しています。

安易に妥協して「そうだね、魚にしよう」という手もあります。むやみな論争を避ける態度です。しかしそれでは議論になりません。

どうしてもお肉が食べたい彼氏は、ひとつの妥協点を見出します。

> 彼氏「しゃぶしゃぶにしよう。余分な脂肪が落ちて、健康的だから」

焼き肉ではなくなりました。でも、お肉は食べられます。魚ほどではないにせよ、健康的です。これをジン・テーゼといいます。ひとつ上のテーゼです。質が向上しています。ジン・テーゼに至ることを、止揚（アウフヘーベン）といいます。

本来の弁証法は、いったん至ったジン・テーゼに対して、さらにアンチ・テーゼが提示されます。新たなジン・テーゼに至ると、再び別のアンチ・テーゼが提示されます。以降これが繰り返されます。

結果として至るのが、真理です。真理に至る過程、つまり止揚が繰り返される過程を弁証といいます。

▼アウトプットを低下させる羞恥心

アウトプットの重要性を理解しても、実際に手を挙げるのは難しいでしょう。理由は簡単です。恥ずかしいからです。

失敗が嫌だと言ってもいいでしょう。失敗が嫌なのは、やはり羞恥心に起因しています。

羞恥心以外の理由は「面倒くさい」といったところでしょうか。

周りの目が気になる。恥ずかしい。これらは、どうしようもないのかもしれません。

どうすれば羞恥心を低下させられるか。

私個人の話をしましょう。私は昔、人一倍「恥ずかしがり屋」でした。小学生の時です。授業で手を挙げて答えを間違え、「恥ずかしい」と思ったことが何度もあります。反対に、わかっているのに手を挙げず、「挙げればよかった」と後悔したことも数え切れません。

それらを繰り返しているうちに気づいたのです。バカらしいと。

何がバカらしいかというと、手を挙げなければ、自分の実力が上がらないのです。

答えが合っているか間違っているかは、関係ありません。もちろん合っていれば嬉しいし、間違っていれば恥ずかしい。合っている方が良く、間違っている方が悪いように思いますが、必ずしもそうとは限りません。

合っていれば、驕りに繋がります。間違えれば、反省に繋がります。小学生の時にそこまでわかっていたわけではありませんが、手を挙げないとダメなことだけは、わかりました。手を挙げると周囲の人は囃し立てます。合っていても、間違っていても。「真面目！」とか「アホや！」などと。確かに恥ずかしいといえば恥ずかしいです。

でも、私はそれ以上に、時間や人生をムダにするのが嫌になりました。

今でも嫌です。持って生まれた能力があるのなら、できるところまで伸ばしたいと思っています。極めてシンプルに。

「敵」は2人。外在と内在です。アナタを囃し立て「まなざす」他者と、それを気にするアナタです。強固なのは他者ではなく、むしろアナタ自身です。

▼自分を大切にできるのは自分だけ

先ほど述べた考えは、今も変わりません。私の足をひっぱるような「下らない人たち」と友達になどなりたくないし、同じ時間を過ごしたいと思いません。積極的に拒否します。

同窓会などでは、それなりにコミュニケーションを図りますが、それはそれ。

私はいま58歳ですが、いまでも日々成長しているし、私の成長を他者に妨げられたくはないのです。

私は自分の成長を全力で守ります。自分の成長を守ることができるのは、自分だけです。そのような態度は、自尊心に繋がります。自尊心を高めることができるのも、結局のところ自分だけです。

しかしそれ以上に、「快適」なのです。他者の「まなざし」を気にしなくてよい快適さは、わかる人にはわかると思います。

▼どうすれば羞恥心を下げられるか

アナタの羞恥心は、どうすれば下げられるのか。それは私にはわかりません。

中学の物理で、力点と作用点が出てきます。どこかに力を加えると、どこかが動く。力を加えるところが力点、動くところ、すなわち作用が現れるところが作用点です。アナタの羞恥心を低下させる「力点」が、どこにあるのか。それを見つけられるのは、最後はアナタ自身です。

種々の心理学などの本を読めば、ある程度は参考になるでしょう。しかし、それらは参考に過ぎません。なぜならそれらの知見は、統計的に導かれたものだからです。

あくまで「大きな傾向」です。多くの人に有効であったとしても、アナタ個人に有効かどうかはわかりません。

最後は、やってみないとわからないのです。アナタという事例は、アナタだけです。最後は自身で試行錯誤し、自分だけの「力点」を見つけてください。

私自身は、芸人さんの姿勢から学びました。私は放送局に22年ほど勤めていました。芸人さんは、普通の人が嫌がる失敗や格好悪いことを喜ぶ傾向にあります。「美味しい」というやつです。彼ら彼女らは、むしろ失敗などの「ネタ」を探しに遊びに行ったりします。

テレビのディレクターやプロデューサーも、失敗や恥ずかしいことをどこかで喜んでいる節があります。「美味しい」ということです。

まさに失敗をしたその瞬間、「この失敗をどう話せば面白くなるか」を考えているようです。失敗を喜び、即座に「ネタを繰る」のです。

失敗を「楽しめる」ようになったら、もはや羞恥心など無いに等しいですね。人は考え方ひとつで変われるものです。

▼人の目は気にしないけど、他人には優しく

羞恥心の低下は、基本的には良いことです。

でも場合によっては、悪い面に繋がります。例えば、傍若無人になります。人の目が気にならない＝他人に迷惑をかけても気にならない、といった感じです。これは避けましょう。

いつからか、電車内の化粧が珍しくなくなりました。

以前は、化粧は女性にとって、見られては恥ずかしいものでした。家か、外出先ならばトイレで、こっそりとするものでした。「秘するが花」でしょうか。

ところが、ここ30年くらいでしょうか、電車内で化粧をする人が珍しくなくなりました。マスカラを付ける時など、かなりの形相だと思うのですが、ご本人は「どこ吹く風」。涼しい顔で化粧をしておられます。

今からお話する出来事は、関西の阪急電車内で起きました。20代半ばくらいの女性でした。朝の9時台の電車だったと思います。大阪の梅田駅周辺に勤めていると思われる営業職の女性でした。営業職だとわかったのは、携帯電話で「営業」の話をしていたからです。

彼女は電車に乗り込んでから、ずっと化粧をしていました。堂々と。私は、彼女の対面の席に座っていました。

終点の梅田駅が近づいてきました。化粧も佳境に入りました。目を剥いてマスカラを付けてらしゃいます。

阪急電車は、梅田が終点です。でも梅田駅の手前に、十三（じゅうそう）という大きな駅があります。乗り換えは梅田駅まで行かずに、十三駅で行います。

女性の化粧が佳境に入ったのは、ちょうど十三駅の手前でした。十三駅に到着して電車のドアが開くと、ある男性が乗ってきました。20代後半の男性です。背の高い、イケてる営業マン風の男性です。

男性は車内に入るとすぐに、女性に目を留めました。知り合いだったのです。「おっ！」といった声のかけ方でした。先輩か何かだったのでしょう。

その途端、女性は化粧の手を止め、化粧品を急いでカバンにしまい、男性と会話を始めました。顔は真っ赤です。明らかに恥ずかしそうでした。

以上が事の顛末ですが、さて皆さん、何か変だと思いませんか？

女性は堂々と化粧をしていました。羞恥心の欠片もありませんでした。ところが知り合いの男性に認められた途端に、羞恥心が瞬時に生じたのです。

つまりこういうことです。知り合いでなければ見られても気にしないけど、知り合いなら恥ずかしいのです。「旅の恥は掻き捨て」といった感覚でしょうか。

社会学は集団を対象とした学問です。彼女にとって私は、ただの通りすがりのオッサンです。同じ集団に属しておらず、規範を共有していません。したがって化粧は、集団からの逸脱になりません。

でも同じ集団に属する男性とは、規範を共有しています。したがって化粧は逸脱になるのです。同じ空間で同じ行為をしても、羞恥心が発露するかどうかは、見られる人によって大きく異なるのです。ちなみに、規範を共有するような集団を、社会学では準拠集団などといいます。

以上のように、アナタが非常識な人になるのは避けてもらいたいのです。「傍若無人」という言葉もありますが、羞恥心の低下は、時に、他者に対する優しさの低下に繋がります。羞恥心が低下しても常識を捨てず、他者に優しくあってほしいと思います。

第3章 アウトプットの具体的な方法

1．「聞く」「話す」技法

▼挨拶もアウトプット

挨拶もアウトプットです。挨拶においても、自発性が重要です。

自分から挨拶しましょう。相手に先に挨拶されたら「負け」と思うくらいでちょうどいいです。挨拶に「勝ち負け」は関係ありませんが、そう思えば習慣になりやすいでしょう。

私はテレビ業界にいましたが、テレビ業界の素晴らしい点のひとつは挨拶です。舞台や映画と並んで、あれだけ挨拶をする業界は他にありません。

でも「のべつ幕なし」に挨拶すればいいというわけではありません。ルールがあります。

テレビ業界では「おはようございます」と言います。朝だけでなく、昼や夜でも「おはようございます」と挨拶します。「こんにちは」や「こんばんは」は使いません。

歌舞伎や演劇の影響です。その人が、朝に起きたとは限りません。公演が夜であれば、昼に起きたり夕方に起きたりします。何時に起きようと、その人にとっては「朝」です。ですから「おはようございます」と言うのです。

スタジオ周辺で会ったので「おはようございます」と挨拶しました。でも、スタジオの廊下を何度も行き来していたら、また同じ人と会うことになります。二回目以降は会釈とか目礼をします。声を出すにしても「お疲れ様です」などといいます。

間違っても「おはようございます」と言ってはいけません。なぜなら、すでに「おはようございます」と挨拶したからです。「おはようございます」という挨拶は、その日、最初に会った時だけです。すでに言ったのにもう一度言うということは、その人と会ったことを忘れているかのようです。いえ、本当に忘れているのかもしれません。

私がテレビ制作部にいた時の部長は、よく怒っていました。「あいつはオレに二回も「おはようございます」と言いやがった」と。私のスタッフが二度挨拶をして、私が怒られたこともあります。「お前はちゃんと教育してんのか！」と。

話を元に戻します。挨拶は自分からしましょう。タレントさんに先に挨拶させるなど、テレビ業界ではありえません。

相手が上か下かは関係なく、アナタが先に挨拶すればいいのです。繰り返しですが、先に挨拶をされたら負けです。ちょっとしたゲーム感覚でやるのがコツです。

▼挨拶を大学で教えることの難しさ

挨拶は先にすべきだと言いました。自発性が重要だと。

でも、挨拶を大学（学校）で教えるのは、至難の業です。

中学校や高校、なかでも私立の中高は、熱心に挨拶の指導を行っています。朝、先生が校門に立って生徒に挨拶をしたり、校舎内でも積極的に挨拶しておられます。

中高時代、挨拶の習慣は身についたのでしょう。ただしそれは、表面上です。その証拠に、大学に入学した途端、挨拶をしなくなります。なぜでしょう。

学生に聞いてみると「相手（教職員や他の学生）がしないから」という答えが返ってきます。相手がしないから、自分もしないというのです。

つまり、こういうことです。高校までは挨拶していたけれども、その挨拶は自発的ではなく、先生がするからやっていたのです。「仕方なく」と言えば、わかりやすいでしょう。

そこに自発性はありません。自律ではありません。他律です。自分から自発的・自律的に挨拶していたわけではないのです。あくまでも表面上、形式上の挨拶です。

自発的な挨拶を、大学で、どのようにして身につけさせるか。これは極めて難しい課題です。大学の教職員ができるのは、高校までの先生方と同じで、コチラから挨拶するしかありません。でも、こちらが挨拶した途端に、彼ら彼女らの自発性は消滅します。

「挨拶しなさい」と強制しても同じです。自発や自律ではなく、他律です。

教職員が挨拶していない時に、学生が自ら挨拶して初めて、自発性が生じます。相手が先にした時点で、学生は自発的ではないのです。

挨拶のできない学生は、みな、就活で苦労します。例外はありません。挨拶は、仕事以前の問題です。

できて当たり前。当たり前のことができないのに、通るはずがありません。そんな人が入社すれば、社内の雰囲気は悪くなるし、お客様の評判も落ちます。ブランドに傷がつきます。就活で内定をもらうために挨拶をする学生は、たくさんいます。でも上手くいきません。習慣になっていないからです。面接官にバレます。挨拶が板についていないのです。取ってつけたような挨拶になっています。社会人の目は誤魔化せません。

▼極めて重要な家庭教育

個人的な考えですが、自発的な挨拶を教えられるのは、おそらく家庭だけです。家庭以外では部活やクラブでしょうか。少なくとも、親がもっとも教えやすいと思います。

朝起きた時に子どもが挨拶をしなければ、親が叱る。帰宅した時も同じ。「自分から挨拶しなさい」と幼い頃から教え、できたら褒める。小さい時から家庭で躾けないと難しいでしょう。入社後の社員教育でも可能でしょうが、そもそも挨拶ができなければ入社できません。就活では、全人格が問われます。家庭で、どのように育てられたか。学校で、地域で、どのように教育されたか。就活までの、すべての時間が問われます。

私が出向中に採用したAD（アシスタント・ディレクター）の話です。入社直後の研修中でした。落語の師匠に挨拶するために、楽屋に行きました。「これがウチの新入社員です」と。採用したADは二人でした。同時に挨拶するのが難しかったので、一人ずつ楽屋に連れていきました。

一人目を連れていきました。問題なく挨拶をしました。特に会話はありません。「どこの大学なん？」程度です。1分も経たずに辞去しました。

二人目を連れていきました。ほぼ同じです。「どこの大学？」。卒業した大学は違いましたが、偏差値は、ほぼ同じ。時間も同じく1分ほど。

何もかも同じようにみえましたが、ある一点において、二人目の子は違いました。

何が違ったでしょう。想像してみてください。違いは、楽屋を出る瞬間に現れました。ヒントを言います。挨拶をしたのは落語の師匠でした。楽屋は和室でした。

お分かりでしょうか？　答えを言います。

楽屋を出る際、二人目の子は、師匠の草履の向きを直したのです。後で履きやすいように、入口に向けて揃えたのです。どのように育てられてきたかが、その一瞬に現れたのです。学校で教えられることは限られています。教育には、学校教育と家庭教育と社会教育の3つがありますが、躾は本来、家庭教育が担うべきです。

2. コミュニケーションの技法

▼もっとも基本的なコミュニケーションは会話

コミュニケーションのもっとも基本的な形式は、会話です。赤ちゃんも2歳くらいから会話ができます。読んだり書いたりは後になってからですが、とりあえずの会話は徐々にできるようになります。

会話は、インプットとアウトプットの連続です。聞いていたかと思えば、その直後に話さないといけません。アナタが話している途中で、相手が急に話し出すかもしれません。相手の発話がどの程度の時間続くか、わかりません。アナタが一瞬だけ軽いツッコミを入れる＝アウトプットしないといけないかもしれません。アナタの「ターン」（順番）がいつ回ってきて、どの程度の長さで、何を話せばいいのかもわかりません。会話は常に「一寸先は闇」です。

実は、会話というコミュニケーションは極めて高度です。漫才をイメージすると、おわかりになるでしょう。漫才は二人の会話に過ぎません。基本的には小道具もありません。それにもかかわらず、漫才はあらゆる状況を表現でき、大きな笑いを生みます。単なる会話に過ぎないのに、聴衆の想像を無限に掻き立てるのです。

会話は楽しい。カフェや居酒屋を見ればわかります。誰しも楽しそうに会話しています。会話は楽しい。これは大きなメリットです。楽しみながら国語力を鍛えることができます。

▼とにかく話す

とりあえずの目標は「話す」です。とにかくたくさん喋りましょう。

「沈黙は金」という言葉がありますが、スルーしましょう。傾聴もスルーです。自ら話せない人は、傾聴よりずっと前の段階にあります。他人の話を聞いている場合ではありません。

冒頭で述べたように、仕事とはアウトプットです。人はアウトプットで評価されます。

「聞く」はインプットです。いくら聞いたところで、所詮はインプットに過ぎません。

「話し上手は聞き上手」という諺もあります。でも、想像してみてください。誰かの話をずっと何百時間も聞くだけで、何らかの能力が上がるでしょうか。何かを「話した」ことになるでしょうか。アナタの考えが伝わるでしょうか。

聞いているだけでは、日本語は上達しません。赤ちゃんをイメージしてください。お母さんの話を何百時間も聞き続けるだけで、流暢な日本語が話せるようになるでしょうか。

言わなくてもわかりますね。話さないとダメなのです。

赤ちゃんが話し始めても、最初は何を言っているのかわかりません。「アー」とか「ウー」とか。でも何度も失敗するうち、徐々に話す言葉が判然としてきます。赤ちゃんは修正を繰り返し、最終的に話せるようになります。

いくら聞いてもダメです。話さないと、ダメなのです。

聞くだけで効果が上がらないのは、大学の授業をみればわかります。聞いているだけで能力が上がるのであれば、学生は今ごろ天才です。

▼聞かれたことに答えるのは難しい

そうは言いつつも「聞く」は重要です。ちゃんと聞かないと、会話が噛み合いません。無言で聞くだけでなく、時には「それらしいこと」を答えないといけません。

重要なのは、問答です。片方が問い、片方が答えます。

では、問いと答え、いずれが重要でしょうか。

ともに重要ですが、まずは「答える」ことを重視しましょう。答えは必ず「訊かれたこと」に対応していなければなりません。訊かれていないことに答えても、意味はありません。

多くの人は、訊かれたことに答えていません。日常生活では、そのような会話も許されます。しかし、厳しいビジネス・シーンでは許されません。就活の面接も同じです。

例えば、大学内で以下のような会話がみられます。悪い例です。

学生A「ねえねえ、Bちゃんて彼氏いるの？」
学生B「それがさあ、サトシっているじゃん。あの子とこのあいだ……」

学生の会話としては、極めて一般的です。何の問題もありません。

でも社会人の会話や、就活の面接であれば「一発退場」です。

問題点をいいましょう。Aさんが聞いたのは、彼氏がいるか、いないかです。

したがってBさんの答えは、次の2つしかありえません。「いる」もしくは「いない」です。

第三の解答があるとすれば、「言いたくない」でしょう。

それに対してＢさんは、「サトシ」について長々と話しました。Ｂさんの答えは、問いに対応していません。問答が成立していないのです。

学生や若者は、無意識のうちに、そのような会話をします。なぜなら、会話が長続きするからです。例えば「いるよ」と答えたとしましょう。一瞬で会話は終わります。気まずくて仕方ありません。

だから無意識のうちに、会話が続くように話します。若者にとって、時間あたりの情報密度は重要ではありません。発話が続くことの方が圧倒的に重要です。

若者同士の会話は、それで問題ありません。しかしビジネスや就活であれば大問題。顧客の前でそのような答えをしたら、アナタや会社の評価は大きく下がるでしょう。

例えば顧客が「オタクの会社は、納期に間にあうの？」と聞いたとしましょう。答えは「間に合います」「間に合いません」「わかりません」しかありません。

ところが「弊社は万全の生産体制をとっており……」と、聞いてもないことを長々と喋ったらどうなるでしょう。気の短い顧客なら怒るでしょうね。

▼アンサー・ファースト

聞かれたことに真っ先に答える。ビジネス界隈では「アンサー・ファースト」といいます。答えや結論を真っ先に言え、ということです。

アンサー・ファーストを身につけるには、普段からアンサー・ファーストを意識する必要があります。習慣化です。

友達との会話でも、端的に答えることを意識しましょう。

大学教員や年上の男性と積極的に話すのも、良いトレーニングになります。女性は優しくて話しやすいので、トレーニングになりにくいのです。

▼英語で考える

英語で考えるのも、アンサー・ファーストのコツです。答える前に、**英語で考える**のです。

ステップ1　聞かれた質問は、Yes/Noクエスチョンか?

> Yes/Noクエスチョンである→Yesか Noかで答える。
> Yes/Noクエスチョンではない→ステップ2へ。

ステップ２　聞かれた質問は、5W1Hのどれか？

When：いつ⇓一言で答える。例「昨年の夏です」
Where：どこで⇓一言で答える。例「渋谷です」
Who：だれが⇓一言で答える。例「父です」
What：何を⇓一言で答える。例「パソコンです」
Why：なぜ⇓少々時間がかかる。例「なぜなら……だからです」
How：どのように⇓少々時間がかかる。例「○○までバスで行き、そこから……」

説明します。

まず考えるのは、Yes/Noクエスチョンか否かです。Yes/Noクエスチョンとは、イエスかノーで答えられる質問です。「朝ご飯食べた？」のような、極めて簡単な質問です。

多くの人は、このステップ１を軽視します。簡単だと思っているのです。

でも、この本をお読みの方は十分ご注意ください。ほとんどの人が躓くのは、このステップ１です。侮っているのです。

侮りは禁物。Yes/Noクエスチョンは、実は答えるのが極めて難しいのです。はい／いいえで答えればいいだけなのに、答えられないのです。長々と話してしまうのです。

若者の場合、以下が大きな理由です。はい／いいえという答えは、明確過ぎるのです。多くの若者は、明確に答えるのが怖いのです。批判を招きやすいからです。対立を極力、避けたいのです。優し過ぎるといってもいいでしょう。とにかく曖昧に答えたいのです。

まずは、Yes/Noクエスチョンに対してYesかNoか、はっきりと答える。これを徹底的に身につけましょう。

友達との会話が思わぬ「落とし所」です。友達の多くは、Yes/Noクエスチョンに対してYesかNoかを、はっきりと答えない場合が多いのです。それはアナタに伝染ります。気づかないうちに、Yes/Noクエスチョンに答えられないようになっています。注意しましょう。

相手が訊いているのがYes/Noクエスチョンでなければ、ステップ2に移ります。5W1Hのいずれかです。6つのどれかを明確にした上で、それに対応した答えを言いましょう。答える前に一瞬、英語で考えるのがポイントです。

この際、端的に答えるクセをつけましょう。WhyとHow以外は、一言で答えられるはずです。

ステップ２も、難しいと思います。やはり普段の会話が、落とし穴になっています。普段の会話から直す必要があります。就活の面接だけ何とかしようと思っても、できるものではありません。

▼質問も英語で考えよう

訊かれたことに答えられるようになったら、今度は自分が訊く時も「何を尋ねているか」を明確にしましょう。明確にした上で訊きましょう。訊いている方が明確でないのに、答える方が明確に答えられるはずはありなせん。

実は中高年になっても、「自分が訊いていること」が明確になっていない人が大勢います。ベラベラと喋った後に「その辺りは、どうなの？」といった質問です。「どうなの？」は、英語でいえばHowです。自由度の高い質問です。解答者は指摘された周辺を、広く答えることになります。

ところが、このパターンの質問者に限って「私が訊いているのは、そういうことじゃない」などと言いがちです。自分が明確に訊いていないのに、です。

このような「イケてない」中高年にならないためにも、アナタは質問する前に一瞬、英語で考えましょう。

自分が訊いているのは、Yes/Noクエスチョンか？

Yes/Noクエスチョンでなければ、5W1Hのどれか？

結局のところ、質問は1つです。

ただし、同時に複数の質問がなされる場合があります。

例えば、「朝ご飯は食べましたか？　食べなかったとしたら、その理由を教えてください」などです。Yes/Noクエスチョンに続いてWhy、つまり理由を訊いています。

念の為に申し上げておくと、朝ご飯を食べたのであれば、理由を述べる必要はありません。質問者は、食べなかった場合にのみ理由を訊いています。

したがって「食べました。いつも食べるように母に言われておりますので」という答えは70点です。後半が不要です。訊かれていないことに答えています。若者の多くは「長く話す」ことが正解だと思っていますが、間違っています。

質問には端的に答えましょう。一番わかりやすいのは、軍隊です。

軍隊では、端的に答えることが義務づけられています。長々と喋っていては、戦闘に負けるからです。グズグズ話していると、みな死んでしまいます。

上官が「戦車の配備は完了したか？」と訊いたら、「イエッサー！（Yes, sir）」もしくは「ノー、サー！（No, sir）」しかありません。

「配備しようと思ったのですが～、雨が降ってきて～」などとベラベラ喋ったら、おそらく上官はブチギレです。

良いか悪いかは別として、もっとも効率的なコミュニケーションは、戦場における問答です。戦争や戦闘は、それほどまでにシビアな世界なのです。シビアだからこそ、効率的かつ間違いのないコミュニケーションが求められます。仕事も似ていますね。

3．忖度する若者たち

▼なぜ明確に答えられないか

若者が明確に答えず、答えを漠然と答えるのは、なぜか。

すでに述べたように、軋轢や対立を回避したり、会話そのものを長続きさせるためです。

もうひとつの理由は、プライバシーです。自分のことを知られたくないのです。

メディア・リテラシーやネット・リテラシーなどのリテラシー教育によって、インターネットやSNSのリスクを煽り過ぎた影響もあるのでしょう。今の若者はプライバシーを語りません。「どこに住んでいるの？」と聞いても、曖昧にしか答えません。

ネットニュースなどで、ストーカー被害が伝えられます。被害にあった方は大変でしょう。ストーキング行為は許されることではありません。

一方で、あまり気にし過ぎると、交流が広がりません。大学のゼミや就活の面接ならば、そこまで隠す必要はないと思います。

でも学生は隠したがります。普段の習慣が、無意識のうちにゼミや面接に流入しているのです。

以下に、私と学生の会話を例示します。

「休みの日は何をしているの？」

「アルバイトです」

端的に答えています。続いて私は、次のように聞きます。

「どんなアルバイト？」

「居酒屋です」

問答は続きます。

「どこにあるの？」

「新宿です。東口です」

「へえ、チェーン店？」

「はい、そうです」

「どこのチェーン？」

「○○です」

「何を担当しているの、ホール？」

「いいえ、厨房です」

「スゴイね。厨房でも色々あるんでしょ？」

「フライヤーで揚げ物つくってます」

ようやく一段落です。

問答は長く続きましたが、あまり内容はありません。私は何度も質問しましたが、ほとんど無用の質問です。回答者が積極的に情報を開示しないので、仕方なしに聞いただけです。もちろん「仕方なし」の雰囲気は出しませんが。

つまり、こういうことです。自分のことを積極的に理解してもらうとともに、お互いの時間、特に相手の時間をムダにしないよう考えれば、次のように答えます。

「居酒屋の○○で働いています。新宿・東口店。フライヤーで揚げ物つくってます」。たった5秒で済みます。

プライバシーは確かに重要ですが、あまり気にし過ぎるとデメリットが過大になるのです。

▼忖度する若者たち

若者のコミュニケーションの誤りに、訊いていない質問に答えるパターンもあります。

例えば、「朝ご飯、食べましたか?」と私が訊いたとします。次のように答える学生は、少なくありません。

「食べようと思ったのですが、起きるのが遅くて……」。

私の質問は、簡単なYes/Noクエスチョンです。答えは「はい、食べました」「いいえ、食べてません」のいずれかです。

ところが学生は、「食べようと思ったのですが」と答えます。なぜでしょう?

実は、学生が口にしたのは「言い訳」です。私は単に「食べたかどうか」を訊いただけなのに、学生は「非難された」と受け取ったのです。だから理由を口にしたのです。

一種の忖度です。学生は次のように考えました。

「あっ、オレ朝ご飯食べてない！　先生は食べた方がいいと思ってるんだろうな。食べるのが常識だもんな。朝飯抜きって、健康によくないっていうし。でもオレ、食べてない。えーっと、何か言い訳しなきゃ」

そして学生は、訊かれたことに答えず、訊かれてもいない理由を述べたのです。

先ほど示したステップで、説明してみましょう。

まず、ステップ1です。ステップ1は、Yes/Noクエスチョンかどうか、でした。質問は「朝ご飯、食べましたか?」ですから、Yes/Noクエスチョンです。したがってYes/Noで答えるだけです。ステップ2に進んではダメです。

ところが当該の学生は、ステップ2に進みました。そして訊かれてもいないのに、5W1HのWhyに答えてしまいました。

私は非難したのではありません。彼が朝食をとっていなければ、オープンキャンパスで余った弁当を勧めようと思っただけです。

忖度が問答の邪魔をしました。

▼なぜ忖度するのか

なぜ若者たちは忖度するのでしょうか。

考えてみれば、若者だけではないでしょう。日本社会のメンタリティ（心性）ではないでしょうか。山本七平のいう「空気」、現代風にいうと同調圧力です。

社会学的にいえば、そのような規範が日本社会で共有されているということです。問答のケースでいえば、相手が質問してきても言葉通りに受け取ってはいけない。むしろ背景にある相手の意志や感情を読み取れ、という規範です。

例えば、学校や会社で遅刻した時、教師や上司が「なぜ遅刻したんだ？」と聞いたとしましょう。生徒や部下が「すみません」と答えたとします。教師や上司は、「今後は気をつけるように」で終わらせるのではないでしょうか。

よくよく考えれば、この問答は変です。

質問を受けた場合の2つのステップで考えてみましょう、まずステップ1。Yes/Noクエスチョンではありませんね。したがって、ステップ2に進みます。

5W1Hのいずれか。Whyですね。教師や上司は「なぜ」と理由を尋ねました。したがって生徒や部下は「○○だからです」と、理由を答えねばなりません。

ところが生徒は、「すみません」と答えました。理由を述べていません。問答は成立していません。本来ならば、理由を答えないといけないはずです。理由を答えなければ、叱られるはずです。

しかし、教師や上司は納得しました。コミュニケーションは、問題なく成立しました。

なぜでしょう？

もう、おわかりですね。むしろそのように答えると、叱られます。日本社会では、質問を字義通りにとって答えると、叱られる場合が少なくないのです。

もし先ほどの生徒が、「母に○○を頼まれて」とか「バスが渋滞で遅れて」などと理由を述べたとすれば、「言い訳するな！」と叱られたでしょう。

言葉通りの問答を正解とすれば、間違っているのは教師や上司です。謝らせたいのであれば、教師や上司は「謝りなさい」と言うべきなのです。内心と言葉が乖離しています。

▼忖度によってコミュニケーションは円滑になるが

字義上において問答が噛み合っていなくとも、日常生活で問題は生じません。忖度があるからです。忖度なしでは、問題が生じます。

「なぜ遅刻したんだ？」と聞かれれば、小学生なら理由を答えるでしょう。言葉通りですから問題ないはずです。

しかし結果的に叱られます。社会学的にいうとサンクションです。直訳すると制裁です。サンクションは通常ネガティブです。嬉しくない制裁が加えられます。「言葉通りにとるな」「忖度せよ」という規範からの逸脱にサンクションが加えられ、それによって集団の凝集性が高まります。

凝集性を簡単にいえば、結びつきの強さです。「凝集性が高まる」とは、集団のメンバーが「仲良くなる」ことです。「規範↓逸脱↓サンクション↓凝集性の高まり」という一連の変化は、無限に繰り返されます。それとともに規範は強まります。

現代の若者が、相手の気持ちを過剰に「読む」のは、このような日本社会の心的メカニズムの現れです。日本社会を反映しているのです。

世代が上の者は、下の人に「忖度」を求めるのではなく、言葉通りの会話や問答を行うべきなのかもしれません。

4．もっとも重要なのは「書く」

▼読書感想文の弊害

私は小学校時代、読書感想文が嫌いでした。感想なんて無いからです。

読書感想文では何を書くのか。他ならぬ感想です。でも、その感想が無いのだから書きようがありません。なんとなく、感想をもつことを強要されているような気がしていました。

読書感想文は、弊害が少なくありません。弊害の本質は、感想にあります。

大学生になれば、基本的に「感じた」「思った」はご法度です。やめた方がいいです。「考えた」もやめましょう。

望ましいのは、「思われる」「考えられる」などです。主語は不要です。言外に「誰が考えてもそうなる」というニュアンスがあります。

読書感想文の弊害やバイアスを除去するには、「感想は不要」と強く意識した方がいいでしょう。大学生を見ていると実感します。レポートにおいて「思った」「感じた」「考えた」が頻出するからです。

「思った」「感じた」がなぜダメなのか？　批判できないからです。

「内心の自由」といってもいいでしょう。アナタがどう感じるかは、アナタの自由です。だから誰も批判できないのです。したがって、議論になりません。感想に対しては「そうですか」としか言えないのです。

「共感の時代」です。プライベートでは「わかる〜！」といってくれるでしょう。でも、ゼミや会議は違います。プライベートではありません。オフィシャルあるいはパブリックな場です。

感想が批判できないのに対して、論理や論拠は批判できます。論理や論拠は、むしろ批判や議論のためのものです。

必要なのは感想ではなく、論理と論拠です。主観ではなく客観です。感性ではなく理性を働かせましょう。

感性が必要なのは、一部のクリエイティブな作業だけです。

▼もっとも難しい「書く」

四技能のうち、もっとも難しいのは「書く」です。小学校や中学校の読書感想文を思い出すと、イメージできるでしょうか。指定図書を「読む」よりも、感想文を「書く」方がはるかに難しいものです。

既述のように、私は読書感想文が嫌いでした。むしろ必要なのは、論理的なレポートでしょう。読書感想文も、書評などとした方がいいように思います。感想は無くとも、論じることはできます。

問題は「感想」にあります。

例えば、私の場合、「感じた」ものは、ほとんどありませんでした。したがって感想は、特に無いのです。だとすれば、選択肢は次の2つだけです。

①（何かを）感じる本を探す。
②（何かを）感じたことにする。

私はいつも②でした。実質的に「感じる」ことを強要されていたのです。

自由に書くことを、教育に取り入れるべきでしょう。質より量です。感じたことだろうと何だろうと、もっとたくさん書くべきなのです。

そのためには、自由が必要です。

読書感想文だけが悪いわけではありませんが、結果として、ほとんどの生徒や学生は「書く」ことが嫌いです。

何でもいいので「書く」ことを習慣化しましょう。2章の3節（74頁〜）で述べたように、アウトプットを前提とするのです。

▼書かなければ、わかりやすく話せない

わかりやすく他者に伝える最上のトレーニングは、「書く」ことです。

特に、レポートや卒業論文は、最高度に鍛えられます。論理的な整合性が必要とされるだけでなく、論拠を伴わねばなりません。一貫性も必要です。

四技能のうち、もっとも難しくて大変なのは「書く」です。「書く」ことは四技能のすべてを向上させてくれます。「話す」も重要ですが、より重要なのは「書く」です。難しく大変だからこそ伸びます。

「書く」という行為に、時間的な制限はありません。じっくり考えながら書けます。書いた後も、好きなだけ推敲することができます。同じアウトプットでも、「話す」の場合は、そこまで時間をかけられません。相手がいるからです。

書くことを習慣化すると、どうなるか。

書くことを習慣化した人は、書くように話します。書かなければ、書くように話せません。

書くことを習慣化した人は、話す時に、考えがまとまっています。考えをまとめながら話せます。書くことがトレーニングとして有効な証拠です。

反対に、書くというトレーニングなしに、人は上手く話せません。

▼「書く」ように話せるか

「書く」トレーニングを積めば、「話す」クオリティが上がってきます。

話す時に「書く」ことをイメージしましょう。文豪が話すことを口述筆記すると、そのまま文章になるといいます。「書く」ことが身体化されているのです。

既述のように、テレビのディレクターは「話す」ことをよくやります。自分が体験したことを、会議などで「ネタ」として話すのです。

腕のいいディレクターやプロデューサーほど、話が面白いものです。

なぜ、ディレクターやプロデューサーの話は面白いのか。

一因は「編集」にあります。腕のいいプロデューサーやディレクターは、編集を経験しています。編集と書くことは、極めて近い作業です。編集とは、映像と音声を使って「書く」ことです。

皆さんが編集を経験する必要はありません。すべきは「書く」ことです。

「書く」ことを習慣化したら、今度は「書くように話す」を習慣化しましょう。

▼全体を把握することの難しさ

何事も、全体を把握する必要があります。一方で、部分も把握しなければなりません。総論と各論といっていいでしょう。「木を見て森を見ず」という言葉がありますが、木と森は、両方見ないといけません。

どちらが先か。一般的には、森が先でしょう。全体を把握することなしに部分を見ると、見方が偏狭になります。

例えば、家を建てています。アナタの担当は内装です。

この場合、「家」が全体です。総論に該当します。

「内装」は部分です。各論です。各論は、総論を細分化したものです。

各論は、いくらでも細分化できます。家の建築なら、「家→内装→壁紙→リビングの壁紙→

……」などとなります。

説明の下手な人は大抵、各論から説明します。細かいことから説明を始めると、聞き手は全体像が不明です。聞き手は部分から、全体を想像しつつ聞く必要があります。

説明の上手な人は、総論から述べます。総論を述べてから各論を述べます。聞く側の立場にたって説明します。

理解するには、全体を把握することが必要です。説明する場合も、まずは全体像を提示しましょう。「総論から各論へ」は、説明の鉄則です。

▼レジュメの有効性

抽象的な事象であれば、全体の把握は難しくなります。

具体的であれば、見ればわかります。しかし抽象的な場合、そもそも「見る」ことはできません。

抽象的な全体把握に最適なのは、レジュメです。レジュメとは、レポートや論文のように文章で表現されたものではなく、要点を簡潔にまとめたものです。

レジュメの技法は、大学時代に習得するものです。ゼミでの報告で用いるものです。社会人になれば、会議で使います。

知的職業に従事する人にとって、レジュメ作成は必須の能力です。

5. レジュメとパラグラフ・ライティング

▼ポイントはキーセンテンス

レジュメの説明の前に、パラグラフ・ライティングについてお話します。

パラグラフ・ライティングの最大のポイントは、キーセンテンスです。各段落における主張を、段落の最初の行に書くのです。基本的に、アメリカ人はパラグラフ・ライティングで文章を書きます。この本もパラグラフ・ライティングで書いています。

パラグラフ・ライティングのメリットのひとつは、最初の行だけ読めば内容が把握できることです。パラグラフ・リーディングといいます。パラグラフ・ライティングで書けば、パラグラフ・リーディングが可能になります。一種の速読です。

アメリカやアメリカ人がすべて正しいとはいいませんが、アメリカから学ぶべき点が多いのは事実です。アメリカ人は、全体を把握するのが得意です。反対に日本人は、細部にこだわる傾向にあります。

では、パラグラフ・ライティングについて、具体的に説明していきます。

▼パラグラフ・ライティング

パラグラフの最初の行に重要なことを書きましょう。それがキーセンテンスです。キーセンテンスは基本的に、論拠ではありません。論拠は、キーセンテンスに続きます。キーセンテンスと論拠は、以下の順で書きます。▼は段落頭です。以下はレジュメ的な書き方です。パラグラフ・ライティングをレジュメ的に説明しているとご理解ください。

▼キーセンテンス1
・論拠①
・論拠②
▼キーセンテンス2
・論拠③
・論拠④
▼キーセンテンス3

・論拠⑤（以下、同様）

次に、具体例を示します。

▼弊社の売上は低下傾向にある。
・過去5年の年間売上が○%減っている。
・過去1年の四半期ごとの売上が○%ずつ低下している。
▼顧客満足度も低下傾向にある。
・アンケート結果によると……
・顧客の声を複数「御社のサービスは最近……」等
▼競合は新たなサービスを充実させている。
・A社
・B社

以上のように、要点だけを簡潔にまとめたのがレジュメです。レジュメを文章化すれば、レポートなどになります。事前にレジュメを作成してから文章化する習慣をつけましょう。

▼論拠よりも論理が重要

論拠は重要です。英語でいえばEvidence、流行りの言葉でいえば「ファクト」でしょうか。でも、論拠は所詮、論理を支えるものです。

最重要は、論理です。論理そのものが間違っていれば、論拠など不要です。もちろん論拠も重要です。論理には必ず論拠が必要です。論拠が間違っていては立論できません。しかし、論拠と論理のどちらが重要かといえば、論理です。

論理を「骨」とすれば、論拠は「肉」といえるでしょう。骨だけで人体は動きません。同様に、肉だけで人体は動きません。両方必要です。でも、どちらかといえば骨が重要でしょう。骨格という言葉が表すように、全体を形作るのは骨だからです。

試しに、先程の具体例から論拠を抜いてみましょう。残りは論理です。

▼弊社の売上は低下傾向にある。

▼顧客満足度も低下傾向にある。
▼競合は新たな顧客サービスを充実させている。

全体の流れが、よくわかりますね。論旨は以下のようになります。

「所属する会社の売上が芳しくない。一因は顧客満足度の低下にありそうだ。顧客が相対的に不満を持っている。理由のひとつは、競合他社が顧客サービスを充実させていることだ。弊社も新規のサービスを開発する必要がある。」

もうおわかりですね。主張は、論理であるのです。主張だけを声高に叫んでも通用しません。論拠だけを並べても仕方ありません。重要なのは論理です。

重要なものは太字にした方がわかりやすいですね。論理を太字にすると、先の例は以下のようになります。

▼弊社の売上は低下傾向にある。
・過去5年の年間売上の表（グラフ）
・過去1年の四半期ごとの売上の表（グラフ）

▼顧客満足度も低下傾向にある。

・顧客を対象としたアンケート結果の表（グラフ）

・顧客の声を複数「御社のサービスは最近……」等

▼競合は新たな顧客サービスを充実させている。

・A社

・B社

かなり見やすくなったのではないでしょうか。

ひとつ前の項目でふれた「キーセンテンス」は、太字の部分になります。既述のように、キーセンテンスだけを抜き出せば論理になります。

蛇足ながら、実際の報告の場では、「へえ、B社って、こんなサービス始めたんだね」などのリアクションが返ってくるかもしれません。アナタは心のなかで「やっぱり反応があった」と思うでしょう。アナタも興味をもった情報だったからです。

だからといってB社の取り組みを、それほど強調する必要はありません。あくまで最重要は論理だからです。B社の取り組みは、論拠の1つに過ぎません。

▼レジュメを基にレポートを書く

レジュメが完成すれば、すぐにレポートは書けます。レポートはレジュメを文章化するだけだからです。この本もレジュメを基に書いています。

具体的にいえば、レジュメのキーセンテンスにあたる部分（太字）を文章にします。続いて、論拠を文章にします。必要なら図表で示します。

キーセンテンスと論拠で示したことを、段落の最後に「まとめ」として書きます。「まとめ」は、キーセンテンスよりも深くなります。論拠を示した後だからです。「まとめ」は、コンクルーディング・センテンスともいいます。

キーセンテンスと「まとめ」で、論拠をサンドイッチしましょう。サンドイッチされた部分が段落です。以下のようになります。太字がキーセンテンスと「まとめ」です。

> **近年、弊社の売上は低下傾向にある。**過去5年の年間売上の推移を図1に示した。図によると……。表1は、過去1年の四半期ごとの売上である。表によると……。**売上ベースでみれば、弊社のおかれた状況は厳しいと言わざるをえない。**
>
> **顧客満足度も低下傾向にある。**図2は、弊社の顧客を対象としたアンケート結果であ

る。図によると……。具体的な顧客の声も、顧客満足度の低下を示している。「御社のサービスは最近……。**売上低下の要因は様々だと思われるが、少なくとも顧客満足度の影響は小さくない。**

競合各社は、新規の顧客サービスを打ち出している。弊社に次ぐシェアのA社は……。業界4位ながらも急成長しているB社は……。**以上のように、弊社の顧客サービスの質と量は、相対的に低下している。**

見出しを付けると見やすくなります。

見出しを付加すれば、以下のようになります。今度は、見出しを太字にしました。

低下傾向にある弊社の年間売上

近年、弊社の売上は低下傾向にある。過去5年の年間売上の推移を図1に示した。図によると……。表1は、過去1年の四半期ごとの売上である。表によると……。売上ベースでみれば、弊社のおかれた状況は厳しいと言わざるをえない。

低下傾向にある顧客満足度

顧客満足度も低下傾向にある。図2は、弊社の顧客を対象としたアンケート結果である。図によると……。具体的な顧客の声も、顧客満足度の低下を示している。「御社のサービスは最近……。売上低下の要因は様々だと思われるが、少なくとも顧客満足度の影響は小さくない。

新規サービスを打ち出す競合他社

競合社の顧客サービスの状況は、どうか。結論からいえば各社は、新規の顧客サービスを打ち出している。弊社に次ぐシェアのA社は……。業界4位ながらも急成長しているB社は……

ポイントをまとめると、以下の3つになります。

ポイント①　必ずレジュメを作ってから文章化する。（レジュメは文章の設計図）
ポイント②　論理が最重要であることを意識する。論理はキーセンテンスとなる。
ポイント③　文章化の際は、キーセンテンスと「まとめ」で論拠をサンドイッチする。

以上のような レジュメとレポートの書き方は、大学で身につけるもの です。

大学の学びは、極めて有効です。すでに卒業した社会人の人は、大学時代の「学び」を思い出しながら復習してください。今からでも遅くありません。

▼レジュメ作成のポイントは細分化

レジュメのポイントのひとつは、細分化です。総論と各論の関係も、細分化といえます。総論を細分化したものが各論です。細分化を、車で例示します。

「車の構成」
1．エンジン

2. トランスミッション
3. サスペンション
4. シャーシ
5. ボディ

上記を細分化すると、次のようになります。

1. エンジン
1-1 シリンダーヘッド
1-2 ピストン
1-3 クランクシャフト
1-4 カムシャフト
……
2. トランスミッション
2-1 トランスミッションケース

2－2　ギアセット
2－3　クラッチ
……
3. サスペンション
……

「車」を「エンジン」や「トランスミッション」など5つに細分化し、さらにそれぞれを「シリンダーヘッド」や「ピストン」などに細分化しました。

細部から考える考え方もありますが、全体から考えた方が楽です。細分化するだけだからです。全体を把握した上で、考えられます。

全体と部分、総論と各論の考え方は、以下のようにまとめられます。

全体を細分化し、細分化した部分ごとに調べる。部分ごとに調べたものは、最終的に全体に集約される。それによって初めて、全体の把握が可能になる。

6. 英語で日本語の能力に磨きをかける

▼重要なことを後回しにする日本語

近年、英語教育が盛んです。小学校から英語を学ぶようです。早ければ幼稚園から。グローバル化が進展するなか、社会人に対しても度々、英語の重要性が説かれます。

一方で、「英語なんて学んでも意味がない」「英語なんて使わない」という声が多いのも事実です。

私の意見は、「英語を仕事で使う気なら本気で学ぼう、中途半端な英語は使えない」です。アクセサリー感覚で学ぶ英語など、大した意味はありません。かつてのように海外旅行が一般的であれば、英会話の意味も多少はあったでしょう。でも経済停滞と円安によって、気軽に海外に行くことは、多くの日本人にとって難しくなりました。

私が考える英語を学ぶ意義は、日本語のブラッシュアップです。英語を学ぶことで、日本語の能力が向上します。

外国語なら何でもいいかというと、そうではありません。やはり、英語に分があります。

大きな理由は2つです。

第一に、すでに全員がある程度の知識を有していること。第二に、日本語の文法と大きく異なることです。第一の理由については、述べるまでもないでしょう。

重要なのは第二の理由です。端的にいえば、文法です。ご存知のように、英語の文法は、日本語とまったく違います。多くの人が英語学習で躓くのは、この文法の難しさです。

もし日本語と英語の文法が似ていれば、英語を学んでも日本語の能力は大して向上しません。文法、なかでも語順が異なるからこそ、英語を学ぶことで日本語の能力が向上するのです。英語の語順を学ぶことで、日本語の語順に敏感になるのです。

日本語の語順の最大の特徴は、どうでもいいことから話していくことです。日本語は、重要なことを後回しにします。以下の例文をご覧ください。

> 私は、去年のクリスマスに父がくれたナイフで、私の家でボーイフレンドを殺した。

一番重要な言葉は何でしょう。「殺した」ですね。聞き手のリアクションがもっとも大きいのは「殺した」です。「昨晩」で「エエッ！」と大きなリアクションをする人は、日本語力のない人か芸人です。コントですね。

英語なら、どうでしょう。

> I killed my boyfriend at my house with the knife which my father gave me last Christmas.

もっとも重要な語であるkilledは、最初の方に来ています。Iの次です。この文章の主たる意味は「私は殺した」、これだけです。

刑事や検事なら「何で殺したんだ?」などと、凶器を聞き出そうとするかもしれません。でもそれは、捜査上の問答です。一般的には「私は殺した」だけで、文章の主たる意味は終わりです。

日英の両方の文章を並べて、重要な語を枠で囲むと、以下のようになります。

> I **killed** my boyfriend at my house with the knife which my father gave me last Christmas.
>
> 私は、去年のクリスマスに父がくれたナイフで、私の家でボーイフレンドを**殺した**。

英語では、重要な語が先にきています。

日本語は、重要な語が最後にきます。

高校や予備校の英語の授業で、「後ろから訳せ」と言われたことはないでしょうか。あれは日本語と英語の語順が逆だということの証左です。

▼異なる語順の英語が日本語の能力を上げてくれる

重要なことを先にいう。この英語の特徴が、アナタの日本語力を向上させてくれます。

効率や確実性を重視するならば、重要なことは、最初に言うべきなのです。

英語の語順を知ることで、日本語の語順に逆らって、重要なことから言えるようになります。英語をイメージするだけで、伝わりやすい日本語が話せるようになります。

正確な英文である必要はありません。英作文ではないのですから。文頭の1〜2語で十分です。

先ほどの例文でいえば「I killed」だけイメージすれば十分です。「殺した」を先に言うべきだな、それさえイメージできればＯＫです。

何から言えばいいか、何が重要か。これらを考える時に、英語を使いましょう。

アンサー・ファーストの説明で、Yes/Noと5W1Hをお話ししました。あれも英語です。

日本語で答える前に一瞬だけ、英語で考えましょう。それによってアナタは、話や説明が上手くなります。相手に伝わりやすくなります。誤解が生じなくなります。

▼なぜ英語は先に重要なことを言うのか

なぜ、英語は重要なことを先に言うのでしょうか。

なぜ、日本語は重要なことを後回しにするのでしょうか。

私の専門ではありませんが、おそらく文化や歴史の影響だと思います。伝統といってもいいでしょう。言語には、その国や民族の文化や歴史が反映されています。それと同時に、人々は言語を用いることを通じて、文化や歴史を内面化します。

日本人は、権威主義的パーソナリティであることが知られています。日本では、公家や武家などの権威者の下で、気をつかって話すことが多かったのでしょう。重要なことを先にいうと、自らの不利益に繋がるのです。場合によっては、命の危険があります。だから相手の反応を伺いつつ話すのです。重要なことは極力、後回しにした方がいいのです。

先ほどの例文であれば、前半の方で権威者が「ん？　まさか、お前は殺したのではあるまいな？」と言ったとしましょう。下の者は文章の後半、具体的には「殺した」の部分を変えることができます。相手の表情などを伺いながら話し、変えたり調整できるのです。

これに対して英語は、大意を変えにくい構造になっています。基本的には、重要なものから伝える構造になっているからです。「I killed」で大意は伝わっています。

多民族・多文化のなかで陶冶された英語は、わかり合うのが難しい相手との交渉の言語として変化していったのでしょう。日本の侍が「情」や「義理」で繋がったのに対し、ヨーロッパの騎士は「契約」で結びついていました。英語は契約の言葉なのです。

日本の場合、「言わなくてもわかるだろ」と言外に伝えるコミュニケーションが多いように思います。「阿吽の呼吸」です。

いずれにしても英語は、重要なことを先にいう言語です。英語の語順を日本語に導入し、積極的に倒置して、重要なことから言うようにしましょう。

7．考えることの重要性

▼インプットもアウトプットもない世界

インプットとアウトプット以外に、もうひとつ重要なことがあります。

それは「考える」です。

インプットやアウトプットの際、人は同時に「考える」といいました。ここで強調したいのは、何かを行う時に付随して考えるのではなく、専ら「考える」ということです。読みながら考えたりするのではなく、「考える」ことだけを行うのです。

読む時に考えたとしても、「読む」ことが主で「考える」は従です。書きながら考える時も、あくまで「書く」が主で、「考える」は従でしょう。いずれも「考える」は従の位置にあります。そうではなく、「考える」だけの時間を持つのです。「考える」を主の位置に置くのです。インプットしたりアウトプットしたりせず、ただただ考える。純粋に考えるのです。

インプットしたものを「練る」イメージです。アウトプットの前に専ら考えて「練り上げる」のです。

▼不安と闘う

専ら「考える」のは、実は極めて難しいのです。不安に襲われます。なぜなら、具体的な変化が何もないからです。変化が見えないのです。

インプットを重ねると、結果は具体的に把握できます。例えば、毎週2冊の本を読んだとします。1ヶ月経てば、10冊近い本が積み上がります。結果が見えます。スマートフォンに冊数をメモすれば、数字が増えます。

アウトプットも具体的に把握できます。レポートなどの文章であれば、書けば書くほど字数やページ数が増えます。やはり結果が見えます。

結果が量的に把握できることは、モチベーションの向上や維持に繋がります。

それに対して「考える」は、量的な把握ができません。結果を実感するのが難しいのです。

「考える」ことによる変化は、質のみです。

「考える」は、結果を予測するのも困難です。「この程度の時間と強度をかければ、この程度の結果が期待できる」という予測ができません。

「読む」は、「この本なら３日で読めそうだ」などと予測できます。

「書く」も、「このレポートなら３日で書けそうだ」などと予測できます。

「考える」は、そうはいきません。10時間考えたからといって、良いアイデアが出るとは限りません。10倍の１００時間考えたからといって、より良い案が捻り出せるとは限りません。

不可視性と予測の不可能性によって、「考える」ことは極めて困難になります。

だからといって「考える」ことから逃げてはいけません。

最後に質を上げてくれるのは「考える」です。

▼考えるでもなく考える

専ら「考える」のは、不安です。手持ち無沙汰です。どこか落ち着きません。頭のなかや内心は大きく動いていても、身体的にはジッとしています。他者から見れば、何もしていないように見えるでしょう。

自分自身も「何もしていない」と思ってしまいます。実際に、まったく考えが進まないこともあります。

そのような場合、「考えるでもなく考える」のが有効です。何か単調なことをやりながら考えるのです。例えば、歩く。

歩きながら考えるのは、極めて有効です。足を動かすことで血流が良くなり、脳の働きが活発になります。歩くことは意識しなくてもできるので、考えるのに最適です。

もう少し負荷を上げたい人には、ジョギングがいいでしょう。ランニングではなくジョギングです。ランニングよりも負荷が低いので、やはり考えるのに適しています。

釣りなどもいいでしょう。単調な動作の繰り返しなので、意外に「考える」のに適しています。

間違ってもスマートフォンを触るのはやめましょう。台無しです。スマートフォンは「百害あって一利有り」です。

スマートフォンは、思考を止めます。何かをしようとスマートフォンを触ったとしましょう。例えば、何かを調べようと。ところがその前に、いつも使っているアプリを開いてしまい、結局のところ何をするかを忘れてしまう。そんなことは、しょっちゅうです。

つまり、何かについて専らに考えることに、スマートフォンは向いていないのです。「考える」ことの質を上げたいのであれば、スマートフォンは天敵です。

いずれにせよ、専ら「考える」には、不安がつきまといます。言い換えると、専ら「考える」には、勇気が必要です。「何も進まないのではないか」という不安に抗する勇気が必要なのです。

▼考える5つのヒント

「考える」上で、どのような工夫があるのか。以下に5つの例を挙げます。断っておくと、若干のアウトプットやインプットを伴います。

ヒント①　手で書く（図を描く）

手元に紙と筆記用具をおいて、メモをしながら考えます。

この際、キーワードなどを書いていく方法もありますが、意外に有効なのは図化（ずか）です。図にするのです。

用いる紙は、罫線などが入っていない無地の紙がいいでしょう。オススメは裏紙です。どうせ捨てる紙です。気にせずバンバン使えます。罫線も入っていません。

フリーハンドで図を書いていきましょう。ツリーやフィッシュボーンなどという描き方があります。アナタのイメージがクリアになるのであれば、何でも結構です。

チャートにするのも有効です。Aならば○○、Bならば××などを図に書きましょう。

図にすることによって、構造的に理解・把握できます。

ヒント②　分類し直す

分類も有効です。様々な要素や事例や観点を書き出した上で、分類しましょう。手書きでもいいし、Word、Excelなどのソフトウェアを用いてもいいです。

アウトプット以前に、ある程度の分類を行っておられる場合、それを下地にせず、一からやり直すのがオススメです。白紙の状態から分類し直しましょう。

分類する際に、カラーマーカーや色鉛筆などを使って、色分けするのもアリです。

付箋に書いて、大きな紙に貼っていくのも有効です。付箋の色を使い分ければ、よりイメージしやすくなるでしょう。

ヒント③　資料や類書を読み直す

すでに読んだ資料を読み返すのも有効です。いったん分析や執筆に入ると、資料にあたることは少ないものです。

今一度、元の資料に戻ると、新たな発見があったりします。見落としがあるかもしれません。考えに行き詰まったら、流し読みでもいいので、やってみてはいかがでしょう。

ヒント④　まったく違うものを読む

まったく違うジャンルのものを読むのも、意外な効果があります。

普段、まったく気づかない関連性に気づいたりします。あまりに長時間だと支障がありますが、少々であれば、やってみる価値はあります。

人間は、ある特定のコトに取り掛かると、どこかで逃げたくなるものです。例えば明日、数学の試験があるとします。今は数学に集中すべきです。

ところが、そのような状況にもかかわらず、なぜか関係のない英語が面白く感じたりします。それほど好きではなかった英語が、なぜか面白く思えるのです。

一種の逃避です。数学の勉強から逃げているのです。

基本的に「逃げ」はよくありません。でも場合によっては「逃避」を上手く使うことができます。それが、先ほど述べた「まったく違うジャンルのものを読む」です。

普段読まないようなものが、妙に面白く感じられたりします。そのなかに、今のプロジェクトと組み合わせると「妙」が生まれる要素があるかもしれません。

結果的に、そのような要素が見つからなくても構いません。普段読まない本や資料を読み、思わぬ知識を得ることができたのですから。

ヒント⑤ 他のコンテンツ（企画など）を並行して考える

マルチタスクといいます。2つ3つを同時並行に行うのです。

例えばアナタが大学生だったとします。1本のレポートをウンウン唸りながら書くよりも、2-3本を並行して、少しずつ書いた方が効率的だったりします。

読むのも同様です。1冊の本をずっと読み続けるより、2-3冊を順繰りに、気の向くままに読むのです。私は休日に、10冊以上をアトランダムに読んだりします。集中すべき本もありますが、それほど重要でない本は順繰りに読みます。

ひとつの本を読み続けると「飽き」がきます。脳に入りません。同じものを食べ続ける感じでしょうか。口に運ぶものを変えることで、変化が生じます。肉を食べたら野菜を食べ、米を食べたら味噌汁を飲む。小学校の食育における「三角食べ」のような感じです。目先を変えることで、「読む」という行為を継続しやすくなるのです。

マルチタスクは、インプットとアウトプットの双方に有効です。変化によって飽きを生じさせず、新鮮な気持ちで取り組めます。

第4章 アナタに「合う」仕事が、社会を動かす

1.「自分探し」の罠

▼アナタはどれだけ仕事を知っていますか？

皆さんは一体、どれだけの仕事や職業をご存知ですか？　仕事や職業の名前を、紙かノートに書き出してみてください。

調べないでください。まずは内在です。皆さんの内に、どれだけの知識があるのかをチェックしてください。

書き出しましたね。大学2－3年生であれば、20個ほど書ければ大したものです。普通は10個程度でしょう。

次に、会社名を書き出してみてください。先ほどは仕事や職業でしたが、今度は会社です。いくつご存知でしょうか？

書き出しましたね。今度も同じくらいの数ではないでしょうか。20社書けたら大したものです。普通は10社くらいでしょう。

何が言いたいかというと、皆さんはそれくらい、仕事や会社を知らないのです。責めているわけではありません。まずは自分の知識量を把握していただきたいのです。

東証プライム上場企業の数は、千6百社にのぼります。厚生労働省によると、日本国内に

「職業名」は、なんと1万8千ほどあるといいます。皆さんはそれぞれ、そのうちの10個から、せいぜい20個しか知らないわけです。

もう、おわかりでしょう。

皆さんが最初にすべきなのは、現実の社会にある、仕事や会社を知ることです。内在ではありません。外在です。皆さんの外にあるものを調べ、知る必要があるのです。

例えばアナタが、あらゆる食べ物のなかでラーメンしか知らなかったとしましょう。友達と食事に行きました。さて、何を食べるでしょう？　ラーメンですね。当然です。それしか知らないのですから。

パートナーと食事に行きました。何を食べるでしょう？　やはりラーメンです。それしか知らないのですから。

ラーメンは美味しいです。私も大好きです。でも、美味しいものは、他にもたくさんあります。それらを知り、色々な食べ物を食べた方が、食生活としては豊かでしょう。健康的でもあります。「私はラーメンだけ知っていれば十分です」という人は、かなりの頑固者です。

皆さんがすべきは、調べることです。

▼やりたい職業──声優の場合

私の研究対象のひとつは「声優」です。声優になりたい若者はたくさんいます。憧れの職業です。しかし労働実態は、かなり過酷です。

日本俳優連合（日俳連）という組織があります。日本国内の俳優にとっての労働組合的な存在です。同会のＨＰなどをみれば、声優が苦しんできた過去がわかります。特に１９６０年代から70年代にかけて、劣悪な待遇を改善しようと闘ってきました。

声優になりたい人は山のようにいます。専門学校や養成学校もたくさんあります。一方で学校に通う必要は、必ずしもありません。

活躍の場は限られています。だから声優さんは、ラジオやコンサートやトーク・ショー、あるいはナレーションなどの仕事をこなします。声優さんの自伝を読めば、ＢＬ（Boys Love）モノの声を担当するなど、その大変さがわかります。

そもそも、なりたい人と仕事の数が釣り合っていないので、過当競争になっています。若手のうちは、声優業だけでは食べていけず、多くの人はアルバイトをします。経験を積んだからといって、食べていけるとは限りません。極めて厳しい道です。

それがわかった上で目指すのなら、私は何も言いません。

私がみてきた子たちのほとんどは、知りませんでした。声優に限らず、口では「知っている」と言うのですが、怪しいものでした。

調べればわかるのですが、調べません。スマートフォンをあれだけ触っているのに……。

▼内在の罠――仕事はアナタに外在する

若者と話をしていると、2つに分かれます。「やりたいこと」が見つかっている人と、見つかっていない人です。

前者は2つに細分化されます。「やりたいこと」を将来の職業にしようと思っている人と、そうでない人です。

後者も2つに分けられます。「やりたいこと」が単に見つかっていない人と、「自分探し」の深みに入り込む人です。

列挙すると以下の4つのパターンになります。

①「やりたいこと」が見つかっており、それを職業にしようと思っている人
②「やりたいこと」は見つかっているが、それを職業にしようと思っていない人

③「やりたいこと」が見つかっておらず、それを大学で見つけようと思っている人
④「やりたいこと」が見つかっておらず、「自分探し」の深みに嵌る人

データはありませんが、私の体感としては、③が一番多いように思います。個人的には、さほど問題ないと思います。3年生までに見つければいいでしょう。

②も、さして問題ないと思います。ただし、専門学校であれば問題です。専門学校の学びは、職業に直結します。専門学校は職業訓練校的な側面が強く、高校時代に職業選択を終えていなければなりません。

①は結構、問題となるケースが少なくありません。将来を見据えているから一見「良く」みえるのですが、選択が合っているケースが少ないのです。選択してはいるものの、選択そのものが間違っているのです。

理由は簡単です。情報不足です。視野が狭いといってもいいでしょう。情報を得た上での選択ではないので、単なる憧れに過ぎないのです。

④も結構、問題です。「自分探し」の深みに嵌ってしまうと、なかなか抜け出せません。自分探しは重要に見えますが、実際は堂々巡りです。知識や経験が乏しいとそうなります。

そもそも「自分」など、どれだけ沈思黙考してもわからないものです。色々と経験するなかで徐々にわかってくるものです。

何かを経験した時、自分でも予想しなかった反応を自身が示すことがあります。「嫌い」と思っていたら、意外に楽しかった。「合わない」と思っていたら、意外に合っていた等々。「食わず嫌い」と同じです。

「自分探し」は必ずしも悪いことではありませんが、自分の殻に閉じこもり、様々な経験をしないのであれば問題です。状況は何も変わりません。

社会学をはじめとした学問に、「外在」と「内在」という概念があります。社会学は集団を対象とした学問ですが、ここでいう外在と内在は、主に、個人が対象だと思ってください。

社会は、どこに存在するのか。

外在の立場だと、社会は個人の外部にあります。個人の外にあって、個人に対して影響を及ぼします。

内在の立場だと、社会は個人の内部にあります。個人の意志や心性、あるいは思想などです。個人の内にあって、外に影響を及ぼします。

「自分探し」は内在的な考え方です。ひたすら自分のなかに沈潜するのです。悪いことではありませんが、社会は皆さんの外にあって、皆さんに関係なく回っています。

「自分探し」は、ホドホドにしましょう。目を外に向けましょう。

▼「好きなこと」＝楽しい？

「好きなこと」を仕事にするのは、本当に楽しいのでしょうか。幸せなことでしょうか。

高校生と話をする機会がありますが、少なくない高校生が「好きなこと」を仕事にしようとします。エンタメ系が大半です。残りは、美容や製菓（パティシエ）などでしょうか。

「好き」なのは、わかります。

でも、その仕事の実情を知っていますか。調べましたか。

「好き」なもの以外の仕事を、知ろうとしましたか。ラーメンしか知らないのに、一生の「食べ物」を決めようとしていませんか。

仕事を5W1Hで細分化してみましょう。

When ⇒ 長時間労働か、土日勤務はあるか、等。
Where ⇒ 地元か東京か、都会か田舎か、等。

Who ⇓ どのような人たちと働くか、顧客はどのような人か、誰に奉仕するか、等。
What ⇓ 何を扱うか、商品やサービスは何か、等。
Why ⇓ 働く目的は何か。お金か、やりがいか、自己成長か、等。
How ⇓ 裁量があるか、マニュアルがあるか、等。

若者は意外にWhenを重視します。「友達と遊びたいから土日勤務は嫌だ」「夜勤は嫌だ」「長時間労働は嫌だ」などです。

Whereも重視するように思います。「東京がいい、地方は嫌だ」「地元がいい、田舎は嫌だ」などです。

でも、若者が一番重視するのはWhatです。「アニメが好きだからアニメ業界に行きたい」「アイドルが好きだから」「音楽が好きだから」「映画が好きだから」等々。

就職に失敗するのは、よく調べずに「好きなこと」を仕事にするパターンが一番多いと思います。イメージだけで志望しているのです。単なる「憧れ」がほとんどです。

▼やはり恐い認知バイアス

なぜ若者は、自らの情報不足に気づかないのでしょうか。高校の進路指導の先生からも、様々なアドバイスを受けているはずです。両親や親戚や兄妹からもアドバイスを受けているでしょう。大学の教職員からも同様です。

私もアドバイスしています。でも大抵、嫌がられます。「ドリーム・キラー」です。「夢を受け入れてくれない」と嫌われるのです。

そのまま進めば苦労が待っています。日本では初職を失敗すると、後が大変です。取り返すのは並大抵ではありません。

大企業がすべてではありませんが、大企業に入れるチャンスは、新卒の1回きりです。大企業のサラリーマンとフリーランスの生涯賃金を比較すれば、数億円の差があります。

高齢になれば、年金生活に入ります。国民年金だけだと、生活は大変です。清掃や警備の仕事に就いている高齢者の方を見たことがないのでしょうか。

高齢者をバカにしているわけではありません。むしろ、その状況に同情します。国民年金のみでは、生活費が足りないのです。だから高齢になっても働かざるをえないのです。

企業に勤めれば、厚生年金がもらえます。多くの場合、企業年金もあります。公務員ならば共済年金です。よほどのことがない限り、一定程度の生活が保証されます。「転ばぬ先の杖」。厳しい現実を知っているからこそ、年長者はアドバイスするのです。

でも現実には、学生や若者の多くは、聞く耳を持ちません。最大の理由は、認知バイアスです。自分に都合の悪い情報を、無意識のうちに否定、あるいは拒否するのです。

▼誰と働くか

残りの観点はどうでしょうか。

Whyを考慮する学生は、多くありません。仕事におけるWhyとは「なぜ働くか」ですね。働く理由です。難しい観点だからでしょう。ある程度の人生経験がないと、働く理由を考えることは少ないようです。むしろ就活をするなかで気づいていくような気がします。

残るはWhoとHowです。私はこの2つが極めて重要ではないかと思います。ひとつずつ説明します。

まずはWho、「誰と働くか」です。上司や同僚です。

社会学に、準拠集団と所属集団という概念があります。両者は同一とは限りませんが、こここでは話を単純化するため同一とし、準拠集団だけで説明します。

アナタが入社した会社の同僚は、アナタの準拠集団となります。アナタの価値、つまり何を重視するかは、準拠集団に「準拠」することになります。

単純にいえば、「組織に染まる」ということです。染まらなければ、居づらくなります。「お金をもらうだけ」になります。

一緒に働く人たちと合うか、合わないか。これは極めて大きな問題です。一緒にするのは仕事だけではありません。ランチも一緒です。仕事終わりに飲みに行くこともあるでしょう。休日を一緒に過ごしたり、旅行に行くかもしれません。家族よりも長い時間を一緒に過ごすこともあるでしょう。

一般的に「誰と働くか」は、もっとも重要です。社風に合うか合わないかと、ほぼ同義です。退職に関する調査によると、既述のように、一番多い退職理由は「職場の人間関係」です。「職場の人間関係」とは結局のところ「誰と働くか」です。

▼どのように働くか、裁量はあるか

次に「Howも大きな問題です。「どのような働き方か」」です。個人的に大きいと思うのは、

個人の裁量です。個人の裁量が小さいと、楽しくないのです。

裁量とは、どこまで任せられているか、どこまで自分で判断してよいか、です。裁量がないと、すべてを上司が決めることになります。マイクロ・マネジメントと呼んだりします。あるいはマニュアルで決まっています。

この場合、アナタは「ロボット」です。何も考える必要はないし、考えてはいけません。指示やマニュアル通りに動くだけです。

許容できる人にとっては、極めて楽です。何も考えなくてよいのですから。私には無理です。

裁量があると、自分で判断できます。もちろん上司に相談してもいいのですが、自分で判断することは、慣れてくると、とても楽しいものです。

失敗もありますが、失敗から学ぶことができます。自分なりの「やり方」を工夫することができます。お客様と打ち合わせしても、いちいち「上司に確認します」と言う必要はありません。自分の判断で答えられます。当然のことながら判断が早く、仕事はスピーディーです。私はこちらの方が断然楽しいと思います。

以上は、価値の問題です。何を良い／悪いとするのか。何を美しい／醜いとするのか。何を楽しい／苦しいとするのかは、個人によって異なります。

最後は個人の判断ですが、三十五年にわたって様々な働き方をしてきた私にとっては、WhoとHowが圧倒的に重要です。「楽しく働けるかどうか」は、誰と働くか、裁量が許されるかに大きく左右されます。

嘘だと思うなら、居酒屋で飲んでいるサラリーマンの横に座って、耳を澄ませてみましょう。彼ら彼女らの愚痴のほとんどは、WhoとHowです。

2. 業界選びの失敗

▼自分のやりたいこと↓ブラック一直線

自分の「やりたいこと」に拘ると、かなりの確率でブラック業界に進むことになります。

あらゆる情報を集めて判断したのであれば大丈夫です。単に「○○が好きだから」は危険です。エンタメ系なら、なおさらです。

そもそもエンタメは、みんな大好きです。エンターテイメントやアミューズメント、つまり「楽しみ」を提供しているから当然です。誰しも「楽しい」ことは好きに決まっています。

労働力も「商品」です。マーケットで取引されます。労働市場ですね。マーケットでは様々な要因で取引が決定しますが、最大の要因は、需要と供給です。

需要が高まれば、価格は上がります。需要が低下すれば、価格は下がります。皆が欲しがるほどに高くなり、欲しがらなければ下がります。

供給も同じです。供給が過多になれば値崩れし、供給が不足すれば価格は高騰します。「ポケモン」などのカードの取引がわかりやすいでしょう。レアであればあるほど価格が上がり、どこにでもあるカードは二束三文です。最悪の場合、売り物になりません。

エンタメ系の労働市場は、供給が過多です。「なりたい」人が山のようにいるからです。需要はそれほどでもありません。エンタメ系の労働者数は、それほど多くはありません。需要は少ないのに、供給が多過ぎるのです。当然ながら、値崩れします。

稼いでいる人はいます。でも少数です。少数のポジションをめぐって、極めて多数の人が競い合っているのが実態です。

最大の要因は、有名性にあります。エンタメは極めて高い有名性を有しています。調べなくても、誰でも知っています。

「調べなくても知っている」。これが最大の罠です。

この罠に引っかからないためには、反対の姿勢をとればいいのです。

「調べないと名前すら出てこない」のです。そのような業界や企業を目指せばいいのです。需要はあるけれど、応募者が少ない。「労働環境はいいけれど、知名度が低い」企業や業界です。

ポイントは「知名度が低い」です。「知名度の高い優良企業」に入れるのは、限られた人たちです。後で述べますが、B2Bの「隠れた優良企業」が一番のオススメです。個人的には、公務員や教員より良いと思っています。

▼「人の目」を気にすると罠に嵌る

若者がエンタメ系を中心に「有名な」業界や会社を目指すのは、単に「好きだから」ではありません。もうひとつの理由があります。

親しい人に「スゴイ!」と言われたいのです。言われるために就職するとまでは言わないものの、業界や社名を言った時に「スゴイ!」と言われると、嬉しいのです。

確かに誰しも嬉しいでしょう。でも、その嬉しさは一瞬です。一瞬の嬉しさのために、ブラックに沈みますか?

例えば、超有名企業だけど、実はブラックな会社があったとします。実際にあります。A社です。一方で、優良企業ですが、無名の会社があります。B社です。「知る人ぞ知る」会社です。

さて若者は、A社とB社のどちらを選ぶか。文系が10人いれば、9人がA社を選びます。興味深いことですが、理系は圧倒的にB社を選びます。

名（めい）をとるか、実（じつ）をとるか。多くの文系学生は「名」をとります。労働環境や待遇という「実」をとらないのです。もちろん本人の自由です。

しかしその結果、多くは辞めていきます。ブラックだからです。

面白いことに、入社前は「大丈夫です」と言います。「好きだから耐えられます」「体力には自信があります」と言います。

ブラック業界やブラック企業は、多くの若者が耐えられないから「ブラック」なのです。少なくない人が病みます。

私は昭和世代です。勉強も部活もスパルタでした。家庭教育もスパルタでした。

その私ですら、ブラック業界やブラック企業で耐えられる自信はありません。現代の若者に「耐性」があるとは、私には思えません。

「君子危うきに近寄らず」。ブラック業界やブラック企業は、避けるのが賢明です。必ず調べましょう。

▼仕事選びの基本①　正社員一本に絞る

就職は、正社員一本に絞った方がいいと思います。

派遣会社の正社員も避けましょう。所属する組織と職場が異なるのは、実際に働くと辛いものです。待遇が異なるので、お昼も一緒に行けません。話題も何となくズレます。職場に属しない雇用形態は、そもそも不自然です。どれほど業界が魅力的でも、雇用形態が不安定であれば、避けるべきです。

いったん非正規になると、なかなか正規雇用になれません。転職しても「足元を見られる」のです。現在の待遇が「その程度」なのですから、「それ以上」の待遇を用意する必要はないのです。労働市場は残酷です。

実態については、ネット上に様々な情報が落ちています。是非お調べください。

でも残念ながら、多くの人は調べません。ここでも認知バイアスが邪魔をします。「自分に不都合な情報」を無意識のうちに避けているのです。

ブラックを避けるには、認知バイアスを除去する必要があります。認知バイアスを除去して、「不都合な」情報を摂取しましょう。

その上で、正社員一本に絞りましょう。正社員でない人は、なんとかして正規雇用のポジションを手に入れましょう。実務に直結する資格などが有効だと思います。

場合によっては、学歴も有効です。大卒の方ならば、大学院を目指すのも手です。

▼仕事選びの基本②　採用数が極端に少ない業界を避ける

エンタメ系を志望する学生さんの口から、「子どもの頃からの夢」という言葉をよく聞きます。一種の「経路依存」です。過去に引きずられているのです。

子どもの頃からの夢であっても、途中で方針転換していいはずです。ところが「すでに決めた」ことに拘ってしまうのです。これも認知バイアスです。

目指す業界のブラックな労働実態を知り、志望業界を変更したとしましょう。

でも、また次の「罠」が待ち受けています。今度は、採用数が極端に少ない業界を選んでしまったりします。二番目に好きなことを目指してしまうのです。調べていないのです。

例えば文房具メーカー。文房具が好きな人は多いのですが、それに比べて市場規模は大きくありません。したがって、採用数は驚くほど少ないのが実態です。市場規模が小さいので、労働力が必要ないのです。

出版業界も採用数は少ないです。企業規模は小さいところばかりです。したがって1社あたりの採用数が極端に少ないので、山のように受験しなければなりません。歩留まりが悪いのです。コスパが悪いといってもいいでしょう。

『就職四季報』などをみて、採用数を確認しましょう。基本的に1社あたりの採用数が少ない企業や業界は、避けた方が無難です。

▼仕事選びの基本③ 複数の業界を受ける、1つの業界内で複数の社を受ける

1つの業界しか受けない人も多く見られます。複数の業界を研究するのが面倒くさいからでしょう。面倒がるのは、就活の大敵です。

1つの業界内で1社しか受けない人も多く見られます。何社も落ちるのが嫌なのだと思います。失敗を嫌がる姿勢も、就活の敵です。

同じ業界内で1社しか受けないのは、極めてもったいないと思います。なぜなら、同じ業界内で受ける数が多いほど、その業界に詳しくなるからです。詳しくなれば、内定獲得の可能性は高まります。

落ちれば落ちるほど、業界内の会社から内定がもらえる可能性が高まるのです。

▼仕事選びの基本④　理系を採用する業界も受ける

文系ばかりを採用する会社しか受けない人も多く見られます。「私は文系なので、理系を採用する会社は受けても仕方がない」という判断のようです。

まったくの間違いです。文系しか採用しないホワイト企業は、ほとんど存在しません。ある程度の規模の会社になれば、理系の職場や職種は必ず必要です。

ご本人のなかでは、大学選びと重なっているのでしょう。理系は理系、文系は文系。自分は文系だから、理系を採用する会社は関係ないと。

このように考えている文系の学生は、思った以上に多くいます。採用に占める理系の割合が高いほど、受けようとしません。

逆です。受けた方がいいのです。むしろ理系を採用する会社は、ホワイト企業である確率が極めて高いのです。文系ばかりを採用する会社がブラックとはいいません。しかしホワイト企業の多くは、理系人材を一定程度、採用します。

▼オススメはＢ２Ｂ

私のオススメは、Ｂ２Ｂ企業です。なかでもメーカーです。モノづくりは日本の得意分野です。日本経済は停滞していますが、特定の領域は依然として好調です。

特に機械系やロボット系はオススメです。新規参入しようと技術開発をしても、なかなか先行企業に追いつけないのです。ノウハウの蓄積がものをいうのです。

30年後はわかりません。でも、10年や20年は安泰です。

「安定を求めると成長しない」という人がいますが、安定した組織内で個人としてリスク・テイクし、成長すればいいのです。

ホワイト企業は、本人の意志や希望を尊重してくれます。合わない職場に配属になっても、別の部署とのマッチングを図ってくれます。

ホワイト企業は「人を大切にする会社」です。少なくとも余裕のあるうちは、アナタを「使い捨て」にしません。

「人を大切にする」は、「人を育てる」に通じます。なかでも、専門性の高いＢ２Ｂ企業は、社内で人を育てる傾向にあります。

ひとつのポイントは、専門性です。

▼専門性の低いＢ２Ｃ

営業職をイメージしてみましょう。Ｂ２Ｃの営業、例えばスマートフォンの販売としま す。Ｂ２Ｃとは、Business to Consumer の略です。社会人の常識なので覚えておきましょう。Consumer とは消費者です。つまり、消費者にモノやサービスを提供するビジネスのことです。○○製菓、○○旅行、○○電鉄など、普段の生活で頻繁に接する企業ですね。絶えず広告を打っています。皆さんが知っている企業は、99％がＢ２Ｃ企業です。

一方、Ｂ２Ｂ企業もあります。Business to Business の略です。企業間で取引を行うビジネスです。皆さんは99％知りません。Ｂ２Ｂ企業については、後で述べます。

Ｂ２Ｃの営業に話を戻します。スマートフォンの販売には、マニュアルがあります。販売員の裁量は限られています。勝手なディスカウントはできません。業務内容も想像がつきます。1年もすれば一人前でしょう。そもそもスマートフォンという商品を、われわれはよく知っています。専門性が低いのです。専門性が低いので、すぐに「一人前」になれるのです。

販売促進の企画は、本部などが決定します。末端の店舗には、マニュアルが降りてきます。場合によっては「トーク・スクリプト」が用意されています。トーク・スクリプトとは、一種の台本です。どのように商談を進めるか、台本があるのです。

むしろ業績の良い会社ほど、トーク・スクリプトが用意されているように思います。業績はトーク・スクリプトの質に比例するというのが、B2C営業の「常識」です。

▼B2Bの業務は専門性と機密性が高い

B2Bの場合、営業パーソンの裁量が大きくなる傾向にあります。専門性だけでなく、機密性が高いからです。

不二越という会社があります。本社は富山です。NACHIブランドで、工作機械や産業用ロボットなどを開発・販売しています。

皆さんは、NACHIの工作機械や産業用ロボットをご存知でしょうか。製品を見たことはあるでしょうか。ありませんね。あるとしたら業界の方です。販売する側か、そうでなければユーザーです。

NACHIの商品を深く理解するには、入社後に一から勉強しなければなりません。専門性や機密性が高いからです。

したがって社員は、長期に学ぶ必要があります。企業は社員を、長期に育てる必要があります。養成に時間を要するため、育った社員は「手放したくない人材」になります。

皆さんが目指すべきは、そのような人材です。文系であっても、理系が開発した商品を深く理解し、理系と一緒になって製品やサービスを提供していくのです。

ホワイト企業で安定した生活を送りながら、色々なことに挑戦し、会社に貢献しつつ自身も成長する。ひとつの理想だと思います。

▼「仕事の四ケ条」

ここで、私の「仕事の四ケ条」を紹介しましょう。別にどうというものではありません。ビジネス系の理論で同じようなことは言われています。

一方で以下の四ケ条は、私自身、極めて腑に落ちており、30代からブレずに通してきた「信条」です。

4つすべてを満たした職場は、最高の職場です。3つはベターな職場です。2つだと微妙。1つなら即、辞めます。

1. 私が所属する組織の事業が、社会のためになっている。
2. 私自身が、所属する組織に貢献することができる。

3．上記の貢献を通じて、私自身が成長できる。
4．上記の貢献に対して、適正な対価が支払われる。

4については、対価が過少もダメですが、過大もダメです。「もらい過ぎ」は人をダメにします。あくまで「適正」であることが重要です。

この他、一般的には、職場の人間関係も大きな要因です。しかし上記の4つに比べれば、それほど重要ではありません。人間関係が重要でないのではなく、それ以上に、先の4つが重要です。おそらく先の4つを満たしていれば、人間関係で悩むような、レベルの低い社員は少ないと思います。

さて、皆さんは、何を重視されるでしょうか。

3．入社してから修正が可能なホワイト企業

▼人は変わる、「やりたいこと」も変わる

社会学に、動的と静的という概念があります。dynamicとstaticです。簡単にいうと、動的とは「変化する」こと、静的とは「変化しない」ことです。

例えば、Aさんが頑固だったとしましょう。静的に捉えると、Aさんは死ぬまで頑固です。動的に捉えれば、何かをキッカケにAさんは頑固でなくなるかもしれません。あるいは頑固であり続けても、特定の人に対しては「素直」かもしれません。

現代の文系学問は基本的に、人や集団を動的に捉えます。少なくとも変化しうる存在とみます。変化しなかったとしても、それは単なる結果です。

皆さん自身も動的です。皆さんの「やりたいこと」も動的です。皆さんの「やりたいこと」は、皆さんが成長するにつれて変化する可能性が高いのです。

幼いころの「夢」は、ケーキ屋さんとかサッカー選手ではなかったでしょうか。でも長じるにつれて社会の現実を知り、自分の才能の有無を知り、様々な職業を知るようになって徐々に「夢」は変化したはずです。幼い頃の夢を変わらず追い続けた人は、野球の大谷翔平選手やサッカーの久保建英選手など極少数でしょう。むしろ夢が変化しなかった人は稀だと思います。

「やりたいこと」は変化するのです。今のアナタの「やりたいこと」は、10年後、20年後に変化している可能性が高いのです。

ジョブ型で採用された場合、別の職業に就くには、自己責任で新たな職能を身につけねばなりません。

ホワイト企業ならば社員教育が充実しています。仕事を通じた教育、いわゆるＯＪＴ（On the Job Training）を行う余裕もあります。そもそも専門性や機密性が高いため、大部分は社内で教育する他ないのです。

▼変化を許容し、期待するのがホワイト企業

ホワイト企業は、働く人の変化を許容します。許容するだけの余裕があります。ホワイトたる所以です。

成長は、変化に内包されます。成長は、変化の一種です。変化のないところに、成長はありません。成長するには、必ず変化しなければなりません。

成長するには、リスクをテイクしなければなりません。リスクですから、失敗することもあります。変化の許容とは、失敗の許容でもあります。

ホワイト企業ならば、組織内で思い切って挑戦できます。ホワイト企業は失敗を許容します。許容するだけの余裕があります。

したがってホワイト企業では、企業内において、変化や成長を志向できます。失敗しても、

次のチャンスが回ってきます。ホワイト企業の多くは大企業です。部署や職種は、山のようにあります。事業所や営業所も数多くあります。扱う商品やサービスも多様です。海外の拠点も少なくないでしょう。思い切って海外に出てチャレンジすることもできます。

子会社や関連会社の人たちと、本社の外からサポートすることもできます。ホワイト企業のメンバーには、あらゆる可能性や選択肢が用意されているのです。

一人で悩むことなく、上司や人事部と相談して決めることができます。希望が１００％叶うとは限りませんが、長期的な満足度は高いはずです。だからこそ離職率も低く、定年まで勤め上げる人が多いのです。

結果的に、ホワイト企業の従業員の平均年齢は40歳前後となり、平均勤続年数は20年前後になります。新卒で長く勤めるホワイト企業は、自ずとそうなります。

若者は、中高年が多い職場を嫌います。平均年齢20歳代の若い職場を好みます。

しかし若者も、いずれ中高年になります。若者ばかりの職場、つまり中高年がいない職場は、中高年を排除しているのです。アナタが歳を重ねて中高年になると、居づらくなります。

長期的視野を持ちましょう。社会学には「社会学的想像力」という言葉があります。想像力を働かせましょう。良さそうなことの裏には、必ず「良くないこと」が隠されています。メリットだけしかもたらさないものなど、ありません。デメリットだけしかもたらさないものも、ありません。メリットを最大化し、デメリットを最小化する。それができるのも、やはりホワイト企業です。

▼入社してから「やりたいこと」を見つければいい

ホワイト企業ならば、「やりたいこと」は入社後に見つければいいのです。

もちろん入社時には、業界や会社に対する理解が求められます。「深い」理解です。業界や会社の理解が浅ければ、受かりません。

「好きかどうか」は、それほど問われないと思います。例えば、工作機械が「好き」な文系学生が、いったいどれだけいるでしょう。理系ならば、います。一種のオタクです。でも、文系はどうでしょうか。文系の教養や素養を有した上で、なおかつ工作機械が「好き」な人が、それほどいるとは思えません。

文系であるにもかかわらず工作機械が大好きであれば、真正のオタクかもしれません。基本的に企業は、真正のオタクを避ける傾向にあります。一番わかりやすいのがアイドルです。

人気アイドルを多数擁するタレント事務所は、マネージャーなどの正社員を採用する際、徹底的にファンを排除します。入社後に問題が生じることを経験的に知っているのです。

ファンであればあるほど、内定は出ません。事務所からすれば、そのような人は「ファンのままでいてください」ということです。事務所のマネージャーや職員は、タレントが「大好き」というより、タレントの才能に惚れ、世の中のニーズとマッチングするプロです。盲目的なファンでは務まりません。

ホワイト企業の就活に話を戻せば、「好きかどうか」よりも、ちゃんと「調べたかどうか」が問われます。好きでなかったとしても、興味をもって調べればよいのです。そして入社後、徐々に「好き」になればいいのです。

そもそもB2B企業の業務内容は、入社しないとわからないことばかりです。入社後に「探求」を続け、長く愛せばいいのです。採用するホワイト企業も、それを望んでいるはずです。

さらにいえば、「好き」かどうかわからないけれど「調べた」人は、希望以外の職場に配属されても、仕事をこなす可能性が高いでしょう。「やるべきこと」をやる人だからです。

「好き」なことしか追求できない人は、企業からすれば困るのです。

配属は、希望通りにいくとは限りません。皆さんが「あそこに行きたい」という希望があるのと同じように、各部署も「このような人材がほしい」と要望します。皆さんの側の希望だけを通すわけにはいかないのです。

ホワイト企業だからこそ、双方の希望や要望をよく聞き、妥協点を探ろうとします。しかし調整には限界があります。

いうまでもなく、ブラックならば一方的です。一方的に、会社の都合が優先されます。

第５章 「やりたいこと」は自然と見つかる

1．ブラックに沈む人と沈まない人は、何が違うのか

▼「三ない就活」

ブラックに沈む人の最大の特徴は、視野が狭いことです。

私は「三ない就活」と言っています。

調べない、知ろうとしない、情報を集めない。

情報がないのに、決定してしまう。最終決定の前に、修正しない。リスクに対する感度が低い。これらを一言でいうと「視野が狭い」ということになります。

対戦式のゲームをする人ならわかると思います。戦う相手を知らずに戦えるでしょうか。

情報とは、そもそも敵情報告の略です。情報とは「戦う相手のデータを把握すること」です。

就活では、企業の方が有利です。就活生の方が圧倒的に不利です。情報量が、圧倒的に少ないからです。情報の非対称性といいます。情報のほとんどは、採用する側にあります。

アナタが業界や会社について有している情報は、相手も有しています。採用担当者が知らなかったとしても、組織として有しています。

調べることです。そこからです。調べれば調べるほど、ホワイト企業に近づきます。

調べた量と、調べた質が問われます。言い換えると、調べた時間と労力です。

最終的にチェックされるのは、「深さ」です。いかに深く調べたかが問われます。

「いかに深く知っているか」よりも、「いかに深く調べたか」の方が、表現として正確です。

勝負を分けるのは、そこです。どれだけ優秀でも、深く調べていない人は採用されません。調べる努力こそが評価されます。

▼実は「やりたいこと」なんて無い？

アナタの「やりたいこと」は何でしょう。それは本当に「やりたいこと」ですか。

「やりたいこと」は、何から選びましたか。選択肢は、いくつありましたか。何と比較して決めましたか。

おそらく、かなり限られた中からの選択だと思います。「ラーメンしか知らない」例を挙げましたが、それに近くないでしょうか。自分の人生のなかで出会った、数少ない職業のなかから選んでいませんか。

数多くを知り、数多くを経験した後に選んだのであれば、選択の精度は高いでしょう。かなりの確率で、本当に「やりたいこと」である可能性が高いと思います。

そうでなければ、本当に「やりたいこと」である可能性は低いと言わざるをえません。

若い人の経験や知識は限られています。したがって、間違っている可能性が高いのです。

ホワイト企業であれば、入社後の修正が可能です。たくさんの部署があるからです。入社後の選択肢が多いため、相対的にリスクが低くなります。

むしろ会社側は、入社後の修正を歓迎するでしょう。ホワイト企業はゼネラリストを求めています。「新しい経験がしたくなりました」と言えばいいことです。

ホワイト企業であれば、入社後にじっくりと「やりたいこと」を探せます。入社前に、焦って決める必要はないのです。

複数の職種を希望しても、何の問題もありません。企業側が嫌がるのは、「○○しかやりたくない」や、「営業はやりたくない」です。「やりたいこと」が複数あるのは、ホワイト企業では基本的に歓迎されます。

▼仕事の面白さは、やってみないとわからない

実際のところ、仕事はやってみないとわかりません。B２Cであれば、消費者の立場で見ることもあるでしょう。例えば、ファストフードの職務は、だいたい想像がつきます。誰しも消費者（consumer）として利用したことがあるからです。

でもＢ２Ｂの仕事は、まったくわからないと思います。利用したことがないからです。そもそも一般消費者は、利用することができません。Ｂ２Ｂの仕事は、機密性や専門性が極めて高いのです。外部から実情を窺うことは、ほぼ不可能です。

世の中には、アナタの知らない仕事が山のようにあります。ひとつのＢ２Ｂ企業をとっても、本社内だけでなく、グループ内にたくさんの部署や職務があります。

「やりたいこと」は入社してから、じっくり探してもいいのではないでしょうか。

それでも「やりたいこと」に拘るアナタは、今一度それが本物かどうか、自身に問うてみましょう。

個人的には昨今、若者に対して「やりたいこと」を求める風潮が強過ぎるように思います。大学入試や就職試験の面接で必ず「アナタは何がやりたいのですか」と訊かれます。

学生と腹を割って話をするとわかります。彼ら彼女らは、本音では「やりたいこと」は無いのです。「無い」とマズいので、無理やり「〇〇がやりたいです」と言っているだけです。

もちろん有る人もいます。少数ですが確実にいます。

しかし大多数の人は無いのです。口にしたとしても、消極的選択です。

社会に「言わされて」います。

▼知識と体験に基づいた「やりたい」なのか

「やりたいこと」や「やりたい仕事」が、知識と経験に基づいているのであれば、何の問題もありません。「地に足がついた」といった感じです。

良い所だけでなく、悪い所もちゃんと見た上で志望しているイメージです。

恋愛や結婚と同じです。良い所だけみていては、付き合ったり結婚したりした後に、幻滅してしまいます。

多くの若者の「やりたい」は、「憧れ」に過ぎない場合が多いのです。

重要なのは、経験し続けることです。調べることです。

特に「悪い面」に目を向けましょう。

この時、認知バイアスに注意しましょう。認知バイアスが強いと、「良い面」しか見えなくなります。認知バイアスによる偏りを、修正する必要があるのです。

入社後に「悪い面」を知ったら悲惨です。入社前に知っておきましょう。

知った上で志望しましょう。後悔する可能性が低くなります。納得済みだからです。

▼「面白い仕事」には自律性が必要

仕事をするのを恐れる若者は、少なくありません。特に営業職に対しては、そうだと思います。気持ちはわかります。経験したことがないものに対して、不安になるのは当然です。私もそうでした。

結論からいえば、仕事はメチャクチャ面白いです。

アマとプロの差というのでしょうか。対価が発生するからこそ、面白いのです。単なる遊びではなく、生業（なりわい）だからこその、真剣さがあります。

遊びは遊びで楽しいのですが、楽しさの質が異なります。アルバイトとも異なります。フルタイムの正規職は、大きな責任が伴います。

若者にとって大きな責任は、重荷かもしれません。でも責任の大きさは、楽しさに繋がります。責任が大きいからこそ「やりがい」や充実感も大きいのです。

「面白い仕事」には条件があります。そのひとつが裁量です。裁量がないと、途端に面白くなくなります。

ただし、万人がそうとは限りません。責任を負うのは嫌、裁量も要らない。他の人に決めてもらいたいタイプの人です。

そのような人は、派遣やアルバイトの方が向いているかもしれません。正社員であっても、マニュアルがあるような仕事です。

2.「やりたいこと」の見つけ方

▼経験して言語化する

インプットとアウトプットのお話をしましたが、経験も一種のインプットです。

「経験する」と「調べる」の2つのインプットを併用しましょう。静と動です。

「調べる」は、理性に基づくことが多いでしょう。「経験する」は、感性に基づくことが多いと思います。

感性であれば、直感で「合う」「合わない」が分かります。

ただし感性で「合う」と感じたとしても、最後は言語化しましょう。言語化によって、抽象的かつ論理的な把握が可能になります。誰かに相談するにしても、状況を説明できます。

ここでも国語力が重要になります。

▼ライフワークかライスワークか

人生をかけて取り組むような仕事をライフワークといいます。食べるためだけの仕事をライスワークといいます。

現実には、100%のライフワークはないでしょう。100%のライスワークはあります。

「やりがい」のために働くのか、それとも、金のためだけに働くのか。

最終的に決めるのは、アナタ自身です。価値の問題です。

何を重視するのか。何をどこまで追求したいか。何をどこまで許容できるのか。

世の仕事の多くは、残念ながらライスワークです。待遇が良くても、ライスワークはライスワークです。

ライフワークを得た人は、かなりの幸せ者です。もちろんご自身は相当に努力したでしょうが、才能と運がなければ難しいのが現実です。

世の中のほとんどの人は、我慢してライスワークをこなしています。生活のため、家族のため、自分のために、「楽しくない仕事」をやっています。自らの「やりたいこと」を追求したい人は、やってみるしかありません。多くはエンタメ系でしょう。

趣味として楽しむという手はあります。個人的には、オススメです。安定した職を得た上で、「好きなこと」は趣味で楽しめばいいと思います。

職業としてチャレンジするかどうか。最後は、ご本人の判断です。

▼業界は隣接した2つを選ぼう

業界選びのコツとして、隣接した業界を選ぶという方法があります。まったく別の業界を選ぶ学生もいますが、隣接する業界を志望した方が就活では有利です。

特定のメーカーを志望するとします。隣接する業界を探すには、例えば工場が導入している工作機械に着目します。工作機械は別の業界が作っていると思います。それが隣接する業界です。

原材料に着目してもいいでしょう。原材料を納めている業界も、隣接する業界のひとつです。これらは、出荷元と出荷先の関係になります。

双方の業界を受けることによって、商品の知識が増えるとともに、深くなるのです。

例えばA社は、B社の工作機械を使って製作しています。アナタは、A社とB社の双方を受験しています。

アナタはA社の受験で、B社の知識を生かすことができます。A社は、B社の工作機械を使っているからです。質の高い生産に、B社の工作機械は欠かせません。

B社の受験では、A社の知識を生かすことができます。B社の工作機械が、A社で使われているからです。出荷先でどのように使われているかは、メーカーにとって極めて重要な情報です。作る側をメーカーと呼ぶのに対し、使う側をユーザーといいます。メーカーにとって、ユーザーは大切な顧客です。

双方の立場を知ることは、かなりのアドバンテージです。相乗効果です。

このような学生は、面接官に驚かれることも少なくありません。「アナタは顧客の状況までよく知っていますね」「アナタは弊社の設備まで知っているのですね」等々。

ホワイト企業の面接で「アナタはよく知っていますね」と言われたら、内定に大きく近づいている証拠です。アナタの目標のひとつは、面接官に「よく知っていますね」と言わせることです。

他社を受けていることを隠す必要はありません。正直にいいましょう。「御社が設備を納入している会社様も受けています」と、正直に言いましょう。ホワイト企業は意に介しません。ホワイト企業を受ける時は、大抵のことは正直に言いましょう。

▼たったひとつだけ許される嘘

99%のことは、正直に言って大丈夫ですが、たった1つだけ、嘘をついた方がいい質問があります。その質問は「弊社は第一志望ですか?」です。

第一志望であれば、素直に「第一志望です」と言いましょう。第二志望以下であった場合、嘘をつきましょう。「はい、第一志望です!」と。

間があってはいけません。嘘がバレます。

目を逸らしてはいけません。嘘がバレます。

相手の目をまっすぐ見て、堂々と嘘をつきましょう。この質問だけは、嘘が許されます。

現在の就活生は平均で、20社から30社ほど受けます。第一志望であるはずがないのです。面接官も重々承知しています。

入社後、営業パーソンになった時のことを想像してください。アナタの扱う製品が、業界で一番性能が良いわけではありません。でも、一番良いかのように言わないといけないのです。広い意味で嘘を言わないといけないのです。

「弊社は第一志望ですか?」。この程度の質問に嘘がつけなくて、営業パーソンが務まるでしょうか。

「嘘も方便」です。ここだけは、堂々と嘘をつきましょう。

この質問は、最終段階で問われます。先方は、採用する気なのです。入社意志の最終確認です。気を引き締めて、堂々と嘘をついてください。

▼企業が恐れる内定辞退

嘘だとわかっていて、なぜ訊いてくるのか。「弊社は第一志望ですか？」という質問が繰り返される背景を説明しましょう。

採用する会社としては、この質問をせざるをえないのです。採用人数は、毎年の計画に組み込まれています。人事部としては、予定の採用数を確保しなければなりません。

ホワイト企業の各事業部は大抵の場合、喉から手が出るほど人材を欲しています。したがって、内定辞退が多く出ると、人事部は社内で批判されることになります。「ウチの部は新人が3人配属になるはずだったのに、どうしてくれるんだ」と非難されます。

その際、入社の意志を確認していないと、言い訳さえできません。意思確認をしておけば、最低限の申し開きができます。「人事部としては、本人の意志を確認していた」と。

学生が内定辞退を言い出した場合、採用する企業は食い止めようがありません。入社の意志がない人間など、入れても仕方がありません。

ブラックは異なります。ブラック企業の多くは、しつこく翻意を求めてくるでしょう。本来は、入社の意志のない人間を採用しても、お互いにメリットはないのです。結婚と同じです。あくまで双方の合意が前提です。

もしアナタが内定を辞退したいと思ったら、堂々と辞退すればいいのです。内定は一種の契約です。その後の長い人生を考えれば、辞退すべきです。入社したくない会社に入っても仕方がありません。受け入れる会社にとっても、デメリットの方が大きいでしょう。

▼誠意を持って辞退しよう

内定辞退は堂々と、誠意をもって行いましょう。採用する企業や人事部は、大きなコストを支払っています。経費だけでなく、時間と労力を投じています。感謝の気持ちと誠意をもって、きちんと謝りましょう。間違っても、メールなどで済まさないようにしましょう。

「メールで済ませた方が、人事の人も手間がかからなくて良いのではないか」と言う学生がいます。間違っています。それは認知バイアスです。自分に都合の良い解釈をしています。

判断を下す場合、「自分に都合の良い」時は要注意です。「自分に都合の良い」選択肢を選ぼうとしている時は、認知バイアスによって判断を間違っている可能性が高いのです。

「自分に都合の悪い」方を選びましょう。直接会うか、少なくとも電話をかけましょう。

ちなみに私は36年前、採用プロセスの途中で、2社を辞退しました。連絡は、ともに電話で行いました。

応対に出てくださったのは、中年の男性でした。「どこか、同業の他社から内定が出たの？」と聞かれました。はい、と答えました。「困るねえ」などと嫌味を言われ、一方的に電話を切られました。悪いのは私だとはいえ、あからさまにぞんざいでした。

もう1社は、若い女性でした。「同じ業界内で内定が出たのですか？」と質問されました。そうです、と答えました。すると女性は、「良かったですね。同じ業界で働くことになりますね。お互い頑張りましょう」と仰ってくださいました。申し訳ない気持ちで一杯だった私は、その言葉に救われました。

▼「入社してみないとわからない」不確実性を小さくする

就活の難しさのひとつは「入社してみないとわからない」ことです。入社前にどれだけ説明を受けても、どれだけ深く調べても、すべてを知ることはできません。知ることができるのは、ほんの一部です。

わからないのは、情報だけではありません。感覚的にも不明です。理屈ではなく、感情です。アナタ自身がその会社や仕事をどう感じるかは、入ってみないとわからないのです。

どれだけ美味しそうな料理も、最終的に食べてみないとわからないのと同じです。

あらゆる情報を入手し、事前に知ることは重要です。それでも、入社してみないとわからない部分は残ります。

だからといって、「調べても仕方がない」と考えるのは、やめましょう。たとえ1％でも、マッチングの成功率を高めましょう。

▼「合うか、合わないか」を最後に判断するのは企業の側

それでも不安な人にお伝えします。

諦めましょう。

その会社がアナタに「合うか、合わないか」を完全に予測するのは、現実には不可能です。

神のみぞ知る。いえ、神様にだって、わからないかもしれません。

アナタは、次のように考えた方がいいです。

「合うか、合わないかの判断は、採用する会社にお任せしよう」。

本当に合うかどうか、つまり入社後に活躍するかどうかは、会社の方がわかる可能性が高いのです。

なぜなら、会社の方が情報をたくさん有しているからです。これまでたくさんの新入社員を採用して、山のような試行錯誤を繰り返してきています。どのような学生がマッチし、どのような学生がマッチしないのかを、経験的に知っています。

アナタにできるのは、自分を開示することです。自己開示です。英語でいうと、self-disclosureです。closureとは「閉ざす」ことです。その反対（dis）ですから、「開示」になります。原語に近いニュアンスだと、「隠さない」ですね。

自分のことを隠さない。恥ずかしかろうと何だろうと、どんどん言うのが正解です。

就職は結婚と同じだと言いました。アレもコレも隠して結婚したとしましょう。結婚後とんでもないことになるのは、容易に想像がつきますね。

恥ずかしがらずに、どんどん開示しましょう。自分のことをどんどん開示して、合う企業に見つけてもらいましょう。

アナタのことを開示できるのは、アナタだけです。

3．自分らしさを重視する若者

▼自分らしさとは？

若い人たちは「自分らしさ」を大切にします。髪の先からつま先まで。見た目の自由度は極めて高くなりました。

見た目が多様なのと反対に、考え方は、あまり多様ではないようです。同じような考えの人が多いように思います。「空気」や「同調圧力」のせいでしょうか。

共感が重視されることも、大きく影響しているように思います。現代の若者は、スグに「わかりあい」ます。人生に悩みはしても、考えが深くなりません。

原因のひとつは読書習慣の欠如です。言語的に未発達だと、どうしても考えが浅くなります。考えを深化させることができません。深く考えるには、やはり国語力が必要です。

思考を支えるのは言語能力です。言語能力が低ければ、独創的な考えを生み出すのは難しく、たとえ思いついたとしても、言語で表現できません。

文系の強みは、その言語能力や国語力です。言語能力や国語力をもとに、考えを深め、思想や思考などの内面的な多様性を高めたいものです。

▼同調圧力と空気

内面の多様性の低さは、同調圧力や「空気」という強制力に繋がります。現代の若者は、同調圧力に敏感です。

若者は、同調圧力が大嫌いです。

だからといって、自ら同調圧力の低下を試みるわけではありません。同調圧力は嫌いだけど、容易に屈してしまいます。イジメが典型です。イジメを注意する子は皆無です。

同調圧力や空気に抵抗するには、意志の強さが必要です。意志は無形です。抽象です。この本でみてきたように、抽象的な力は、言語能力や国語力に支えられます。文系の世界です。

同調圧力や空気に抵抗するには、文系で学んだことが有効です。文系で学んだことは、大いに「役立つ」のです。

▼アドバイスを聞かない若者たち

ページ数が残り少なくなってきました。あと6ページで「あとがき」です。

本書では何度か認知バイアスについてお話しました。ここで、認知バイアスに対抗する概念を述べておきます。価値中立です。価値自由ともいいます。

人や集団は、固有の価値（value）を有しています。価値とは、何を良し／悪いとするのか。何を美しい／醜いとするのか、などです。

価値から離れることを、価値中立や価値自由といいます。文系の学問において、価値中立や価値自由は、極めて重要です。認知バイアスの罠に陥らないために、価値中立や価値自由を意識してみてください。

ちなみに価値中立を主張したマックス・ウェーバーは、価値から中立・自由になるだけでなく、論じる前に、自分の有する価値を明らかにすることの重要性を併せて説きました。自分の立ち位置を明確にすることで、結果としてバイアスを除くことに成功したのか否かを、他者が判断しやすくすべきだと主張したのです。

明言しなかったとしても、自分のなかで言語化しておくことは極めて重要です。言語化することで、自分自身が自らのバイアスに自覚的になれます。

▼ウチの大学からはムリ

「まとめ」に入る前の、最後の項目です。

中堅以下の大学で耳にする言葉のひとつに、「ウチの大学からはムリ」があります。言葉として表現しなくても、心の奥底で思っているフシがあります。

実際には、必ずしもムリではありません。ポイントは、無名の優良企業を受けることです。有名な優良企業ではありません。有名な優良企業は「レッド・オーシャン」です。ライバルが多過ぎます。東大生が落ちる世界です。

こう言うと学生は、「無名の優良企業ってどこですか?」と必ず訊いてきます。

自分で調べましょう。私の経験では、教えてもらった学生は、ほとんど落ちます。

他人に教えてもらうと、自分で調べないのです。調べが足りないので、落ちるのです。教えてもらうと、どうしても業界研究や会社研究が不足してしまうのです。

教えてもらうと、楽です。しかし「楽あれば苦あり」。結局のところ後で苦しみます。

落ちる人は「楽をしよう」とします。

通る人は、「楽をしよう」というマインドを有していません。したがって、そのような人は、図書館や書店に直行します。

現在、大学の多様化が進んでいます。大学の多様化とは、各大学に属する学生のレベルが多様だということです。各大学内において、上位と下位のギャップが大きいのです。

このような状況は、中位から下位の大学生にとって大きなチャンスです。ウチの大学からでも、決してムリではないのです。

そのためには、正しく努力する必要があります。努力を継続する必要があります。

▼無名の優良企業を目指そう

くどいようですが、超有名企業はアナタに関係ありません。

アナタが探すべきは、隠れた優良企業です。有名ではなく、無名です。実は「知らない人」が知らないだけで、「知る人ぞ知る」企業です。

今から申し上げておくと、内定が取れた時の両親や親戚や友達の反応は薄いです。さして喜んでくれません。

しかし数年したら「良い会社に入ったわね」と手のひらを返すでしょう。

もし返さなくても、大丈夫。その時、アナタ自身は思っています。「良い会社に入ったな」と。それが大人です。世間を知らない「子ども」にチヤホヤされても、仕方がありません。

大人に評価されるような企業に入って、アナタ自身も大人になりましょう。

きっと充実した仕事人生が待っています。100％ではないにせよ、90％以上の満足度で定年を迎えるでしょう。アナタの未来の家族も安心です。

最初にすることは、「調べる」ことです。

この本を読み終わったら書店に行って『就職四季報』を買いましょう。古書でも結構です。

『就職四季報』を一ページめくるごとに、新たな発見と出会いがあるはずです。

▼最後に、大学で「本当の学び」に触れたい人へ

就活で「勝つ」には、大学1－2年が極めて重要です。

最大の理由は、就活の早期化です。大学3年生になったと思ったら、すぐに就活が始まります。志望業界を決めるのは、2年生の後期でも遅いくらいです。

早期化によって、学生時代に力を入れたこと（ガクチカ）は、実質的に、大学1－2年生で頑張ったことになります。大学3年生になってから頑張っても、間に合いません。

できることなら大学1年生の時に、自分に合った「良い先生」を見つけましょう。

大学1年で良い先生に出会ったら、2年生になっても継続して授業をとりましょう。

1－2年生の間に「良い先生」だと確信したら、ゼミを志望しましょう。

おそらくアナタは、ゼミの選抜で有利です。なぜなら1－2年生の時に、希望するゼミの先生の授業をとっていたからです。

ゼミの先生は、すでにアナタの興味関心を知っています。授業を受けていたからです。研究室に相談に行ったからです。アナタは安心して大学生活の後半を過ごせばいいのです。

以上は、ひとつの「理想」です。大学で素晴らしい先生に出会い、就活を突破し、充実した人生を送ってください。

私の心からの願いです。

あとがき

▼ホワイト企業という「理想」

本書はホワイト企業をオススメしています。本書はホワイト企業を、ひとつの「理想」として書きました。

実際は、ホワイト企業のなかにも「不満」はあります。様々な「問題」もあるでしょう。完璧な企業などありません。本書が示した「理想」は、あくまで相対的なものです。ブラック企業やグレー企業に比べれば、ということです。

「青い鳥症候群」（Bluebird Syndrome）という言葉があります。同名の本があります。青い鳥症候群とは、いるはずのない「幸せの青い鳥」を探し続ける性向です。

素敵なパートナーができても、理想を過度に追求する人は「もっと素敵な人がいるはずだ」「もっと合った人がいるはずだ」と考え続けます。不幸なことです。

特定の企業から内定をもらっても「もっと私に合った企業があるはずだ」、自分に合った会社に入っても「もっと私に合った企業があるはずだ」と考えます。

完全なる「理想」など、この世に存在しません。

感覚的にいえば90点が、実質上の「満点」です。

日本中の会社の内情を知るのは不可能です。マッチングにも限界があります。

「過ぎたるは及ばざるが如し」。理想を過度に追い求めるのはやめましょう。

一方で、あまりにも容易に、理想を諦めるのも考えものです。

答えは中間にあります。両極に偏ることなく、中間、中庸でいきましょう。

ただし、何かを追求しようとすれば、ある一定の期間は、ひとつのことに集中する必要があります。数年程度は「過ぎたる」必要があります。この辺りは人生の難しいところです。

▼先を見通す─後悔するかどうか

人生に失敗は付き物です。失敗と上手く付き合うコツは、小さな失敗を、早めに、たくさんすることです。

人生が上手く行かない人は、逆が多いようです。失敗を、遅めに、少ししかしないのです。

結果的に、人生は上手くいきません。

最悪の失敗は、「まったく失敗しない」です。何も学べないからです。

「失敗から学ぶ」とは、修正です。失敗を経て修正するたびに、アナタは成長します。

失敗するには、挑戦しなければなりません。成長するには、挑戦が必要です。数多く失敗するには、数多くの挑戦をしなければなりません。だからといって、あらゆることに挑戦するのは不可能です。時間や労力やお金は、限られています。

「何をやるか」は「何をやらないか」です。挑戦や失敗の前に、必ず選択が迫られます。判断基準は「後悔するかどうか」。

「やっておけばよかった」と後悔するのであれば、やりましょう。

「やらなければよかった」と後悔するのであれば、やる必要はありません。

何を後悔するかは、人によります。

一般的には「やって後悔する」よりも、「やらずに後悔する」方が大きいといいますが、最終的には人によるでしょう。

▼自分は何を後悔する傾向にあるのか

若者の多くは、「後で後悔するかどうか」の判断も、間違えます。できれば若いうちから、この手の判断ミスもどんどん経験しましょう。やって後悔したり、やらずに後悔したりを繰り返して、自分の性向を知るのです。

どのような時に後悔して、どのような時に後悔しないのか、自らの性向を正確に把握しましょう。「後悔するかどうか」の予測の精度を上げましょう。

心配は不要です。判断ミスを繰り返すことで、そのうち後悔しなくなります。生きる上で「後悔」ほど厄介なものはありません。反対に上手くいかなかったとしても、後悔することなく納得できれば、何の問題もありません。

ただし、認知バイアスには注意しましょう。実は後悔しているのに「後悔していない」と間違って認知します。自身や自身の判断を、合理化や正当化してしまいます。バイアスを除去し、自分の気持ちに正直になるのも、本書の目標です。

▼修正につぐ修正

人生は、修正の連続です。人生を終えるその時まで、修正は続きます。

一生学び続ける人生を「生涯学習」といったりします。ポジティブに捉えれば「楽しい学び」が続くイメージです。ネガティブに捉えれば「苦しい、嫌いな学び」が永遠に続くことになります。

やらないといけないのであれば、楽しんで修正しましょう。人生は「楽しんだもん勝ち」

です。

「楽しんだもん勝ち」といっても、「やるべきこと」から逃げる姿勢ではありません。「やるべきこと」を楽しむ姿勢です。

やらないといけないのであれば、前向きに考えてやりましょう。そしてさっさと失敗して修正し、楽しんで成長しましょう。

「好きなことしかやりたくない」という人がいます。そのような人は、「やるべきことから逃げている」のかもしれません。

「好きなこと」をやるには、「やるべきこと」から逃げてはいけません。

「好きなこと」や「やりたいこと」をするには、むしろ先に、「やるべきこと」をやらないといけないのです。

自らの「好きなこと」は、何か。

自らの「やりたいこと」は、何か。

自らの「やるべきこと」は、何か。

それらを明らかにしておいた方がいいのかもしれません。

明らかにするとは、言語化です。そのためには、言語能力や国語力が必要になります。

文系で学んだことは、役に立つのです。

著者紹介

木下浩一（きのした　こういち）

1967年、兵庫県生まれ。京都大学大学院教育学研究科博士後期課程修了。

京都大学博士（教育学）。

立教大学社会学部メディア社会学科・特任准教授（2025年4月〜）。

専門は、メディア史、ジャーナリズム史、歴史社会学。

1990〜2012年、朝日放送（株）番組プロデューサー・ディレクター、映像エンジニア。

2012〜2020年、桃山学院大学、大阪成蹊大学等で非常勤講師。

就活関連指導、多数。

2020〜2025年、帝京大学文学部社会学科・専任講師。

やりたい事が無い人こそホワイトへ行こう　—文系の「学び」と就活—

2025年3月9日　初版発行

著　者　木下浩一

発行所　学術研究出版

〒670-0933　兵庫県姫路市平野町62

［販売］Tel.079(280)2727　Fax.079(244)1482

［制作］Tel.079(222)5372

https://arpub.jp

印刷所　小野高速印刷株式会社

ISBN978-4-911449-06-6